Kristin Eissfeldt · Christa Jaeger

So wird Ihr Unternehmen zum wertvollen Arbeitgeber

Ein ganzheitlicher Blick auf nachhaltigen Erfolg

Kristin Eissfeldt
Eichenau
Deutschland

Christa Jaeger
Rödermark
Deutschland

ISBN 978-3-658-15548-3   ISBN 978-3-658-15549-0   (eBook)
https://doi.org/10.1007/978-3-658-15549-0

Die Deutsche Nationalbibliothek verzeichnet diese Publikation in der Deutschen Nationalbibliografie; detaillierte bibliografische Daten sind im Internet über http://dnb.d-nb.de abrufbar.

Springer Gabler

Lektorat: Juliane Wagner

Gedruckt auf säurefreiem and chlorfrei gebleichtem Papier

Springer Gabler ist Teil von Springer Nature
Die eingetragene Gesellschaft ist Springer Fachmedien Wiesbaden GmbH
Die Anschrift der Gesellschaft ist: Abraham-Lincoln-Str. 46, 65189 Wiesbaden, Germany

Inhaltsverzeichnis

Die Autorinnen

Kristin Eissfeldt Nach Abschluss ihres Studiums der Sozioökonomie an der Universität Augsburg sammelte Kristin Eissfeldt zunächst für einige Jahre umfassende Erfahrung im Executive Search in kleineren Headhunter-Boutiquen, bevor sie sich 2006 mit Eissfeldt Consulting selbständig machte. Auch wenn sie ihre Tätigkeit in der Personalrekrutierung gerne und mit Leidenschaft ausübt, regte sich in ihr in den letzten Jahren immer mehr das Gefühl, „das alleine kann es noch nicht gewesen sein".

Diesem Ruf folgend absolvierte sie parallel die Programme zum Business Facilitator der *School of Facilitating*, Berlin und zum International Partner des Conscious Business Institute LLC., Kalifornien. Sie brennt dafür, Menschen und Organisationen, die für *echte*, nachhaltige Veränderung bereit sind, dabei zu begleiten, sich für das Wesentliche zu öffnen und ihren jeweils individuellen Weg selbst zu erarbeiten. Ihr Fokus und „Leib- und Magenthema" ist der tiefere Blick auf die eigentliche *Berufung*. Einfühlsam aber bestimmt legt sie den Finger in die Wunde und betätigt sich mit Vorliebe als *advocata diaboli*. Frau Eissfeldt lebt für das, was sie tut, im Westen von München und ist Mutter von zwei Söhnen im Schulalter.

Christa Jaeger Christa Jaeger studierte Soziologie, Kommunikationswissenschaft und Erwachsenenbildung an der Universität Augsburg. Nachdem sie einige Jahre als Texterin in Werbeagenturen für große Marken gearbeitet hat, wechselte sie 2008 ins Personalmarketing. Heute unterstützt sie als Beraterin und Texterin vor allem Mittelständler und Hidden Champions dabei, Talente zu finden und nachhaltig für die jeweiligen Unternehmen zu begeistern.

Sie ist immer wieder fasziniert davon, wie sich in Gesprächen nach einem anfänglichen „wir sind wirklich nichts Besonderes" und „das ist eine Position wie 1.000 andere auch" irgendwann die Türen öffnen und sehr formell-zurückhaltende Mitarbeiter, Fach- und Personalverantwortliche plötzlich mit viel Verve und Enthusiasmus über ihre Aufgaben und ihr Unternehmen erzählen, wenn sich die unterschiedlichen (Unternehmens-)Persönlichkeiten zeigen und sich auch bei ihren Gesprächspartnern die Erkenntnis durchsetzt: „Wir sind nicht 08/15 und auch wenn es in jedem Unternehmen einen Buchhalter gibt, der ähnliche Aufgaben hat: die Position bei uns ist anders, weil … " Auf der Basis dieser

Gespräche ganzheitliche Employer Branding-Konzepte, Personanlanzeigen, Karriere-
webseiten und kreative Kommunikationsmaßnahmen zu entwickeln, um Menschen und
Unternehmen zusammenzubringen, die wirklich zueinander passen, empfindet sie als eine
ebenso spannende wie sinnvolle Aufgabe. Die Natur- und Literaturliebhaberin lebt mit
ihrem Mann im Süden von Frankfurt.

Einleitung

1

Was macht ein Unternehmen wertvoll? Ganz klar: seine wirtschaftlichen Erfolge und seine Fähigkeit, diese immer weiter zu steigern. Wie das funktioniert? Ganz einfach: Man identifiziert Kennzahlen, *Key Performance Indikatoren* (KPIs) und versucht mit allen Mitteln, sie zu optimieren. Als Basis dient dabei die gute alte Marx'sche Mehr-Wert-Formel: Es geht darum, den Einsatz von Mensch und Material bei der Herstellung eines Produkts (oder einer Dienstleistung) so gering wie möglich zu halten, um einen möglichst hohen Gewinn zu erzielen. Das heißt: Auch im „Zeitalter der Controller" war und ist ein Mitarbeiter nur dann kein Kosten-, sondern ein Erfolgsfaktor, wenn er möglichst unmittelbar – aber auf jeden Fall messbar – zum wirtschaftlichen Erfolg beiträgt. Ist es wirklich so einfach?

Wir glauben nein. Und wir sind nicht die einzigen. Unternehmen werden eben nicht (nur) durch ihren ökonomischen Erfolg wertvoll. Im Gegenteil. Das bloße Gewinnstreben nach der klassischen Mehr-Wert-Formel hat diversen Unternehmungen zum Teil massive Einbrüche beschert – VW und die Deutsche Bank sind nur zwei prominente Beispiele. Tatsache ist, dass sich nicht nur Kunden, sondern auch Mitarbeiter zunehmend von solchen Unternehmen abwenden. In der alten Mehr-Wert-Zeit war das anders. Zum einen gab es weder Internet noch Social Media, über die sich größere und kleinere, echte oder nur behauptete Fehltritte von Unternehmen rasend schnell in aller Welt verbreiteten. Zum anderen stand Arbeitskraft schier unbegrenzt zur Verfügung und man konnte (fast) jeden in kürzester Zeit in eine frei werdende Position einarbeiten, da die Tätigkeit in der Regel nicht allzu anspruchsvoll war.

Heute ist das anders. Gut ausgebildete Fachkräfte sind Mangelware.

Und sie wollen wesentlich mehr als Lohn und Brot.

Menschen entscheiden sich für ein Produkt, eine Dienstleistung oder einen Arbeitgeber, weil sie sich davon einen Mehr-Wert versprechen. Der lässt sich – zum Leidwesen der Controller und Big Data zum Trotz – so gut wie nicht in Zahlen ausdrücken. Rein objektiv betrachtet, sind die meisten Produkte, Dienstleistungen und bis zu einem gewissen Grad auch die Positionen, die man mit einer bestimmten Qualifikation in einem Unternehmen

K. Eissfeldt, C. Jaeger, *So wird Ihr Unternehmen zum wertvollen Arbeitgeber*,
https://doi.org/10.1007/978-3-658-15549-0_1

einnehmen kann, mehr oder weniger austauschbar. Worin liegt also dieser Mehr-Wert, den ein Unternehmen bieten kann? An Stelle von Umsatz und Gewinn rückt immer mehr das in den Fokus, was ein Produkt oder ein Unternehmen bei einem Menschen auslöst. Welche Werte, welche Reputation und ja, auch welche Gefühle sind damit verbunden?

Wer im „war for talents" die Nase vorne haben möchte, sollte sich also darüber Gedanken machen, wie er ein attraktiver, weil *wertvoller Arbeitgeber* werden kann – nicht nur für die viel beschriebenen neuen Generationen Y und Z, sondern auch für die erfahrenen Leistungsträger aus der Generation X.

Denn gerade ihnen, die eigentlich immer gerne und mit viel Elan bei der Arbeit waren, geht durch KPI-Getriebenheit und Arbeitsverdichtung häufig nicht nur der Sinn, sondern auch die Gesundheit verloren. Viele von ihnen verbringen einen Großteil ihres Lebens mit Aufgaben, die sie weder fachlich noch persönlich erfüllen, viele haben ein dauerhaft schlechtes Gewissen, weil sie ihre Arbeit trotz 60-Stunden-Woche nicht geregelt bekommen und weil sie ihrem eigenen Qualitätsanspruch schon lange nicht mehr gerecht werden können. Burn- und Bore-Out oder Depression und damit verbundene, zunehmende krankheitsbedingte Ausfälle sind die Folge davon. Immer mehr hoch qualifizierte und für Unternehmen wertvolle Mitarbeiter lassen es aber gar nicht erst soweit kommen: Der „Drop Out" mit 45 oder 55 ist längst kein Randphänomen mehr. Wohl noch nie gab es so viele Landwirte, Jugendherbergsväter (und -mütter), Kioskbesitzer, Currywurstbrater und Floristen mit Universitätsabschluss und einem Lebenslauf, der bei so manchen Personalern Begehrlichkeiten wecken würde.

Die Generationen Y und Z stehen der Arbeitswelt grundsätzlich kritischer gegenüber. Kein Wunder. Die wenigsten von ihnen haben erlebt, dass ihre Eltern in ihrer Arbeit aufgegangen sind und dass sie davon mit eben so viel Begeisterung berichtet haben wie von ihrem von Schnecken halb zerfressenen Salatpflänzchen, dem komplett verrosteten Oldtimer oder der letzten Fahrradtour an irgendeinen namenlosen Baggersee. Viele haben ihre Eltern nur selten zu Gesicht bekommen. Und wenn, dann waren sie oft nur physisch anwesend, mit dem Kopf aber noch oder schon wieder bei der Arbeit. Wenn die Stimmung der Väter und Mütter am Sonntagnachmittag gekippt ist, gab es dafür meist nur einen Grund: Die nächste Woche im Hamsterrad stand bevor.

Gut ausgebildete Fachkräfte – aber nicht nur sie – suchen heute nach einer höheren Vereinbarkeit ihrer Arbeit mit ihrem gesamten Lebensentwurf, nach Sinn und persönlicher Erfüllung. Dabei gewinnen Aspekte wie Umwelt, Sozialverträglichkeit und Corporate Social Responsibility mehr und mehr an Bedeutung. Viele Unternehmen haben zwischenzeitlich erkannt, dass es an der Zeit ist, den Fokus von der Wert-Schöpfung stärker auf die Wert-Schätzung zu verschieben und richten sich auf einen Change aus: Einführung von agilen Management-Methoden wie z. B. Scrum, Demokratisierung von Unternehmen, Partizipation der Mitarbeiter, neue Führung, die neudeutsch „Leadership" heißt, neue Formen der Entscheidungsfindung, neue Raumkonzepte für freieres Denken und und und … Eine Flut von Büchern und Artikeln befasst sich in unterschiedlicher Tiefe mit den verschiedenen Aspekten in diesem Themenfeld. Seminare und Coaches, die darauf zielen, diese Veränderung herbeizuführen und zu begleiten, finden sich inzwischen allerorten. Auch während wir an diesem Buch arbeiten, gewinnt das Thema „neue Arbeitswelt" an Aufmerksamkeit und Dynamik. Fast täglich kommen neue Erkenntnisse und Verbindungen hinzu, Wissen und Erfahrungen werden zunehmend geteilt und verknüpft. Dabei scheint längst noch nicht klar, wohin die Reise geht, worauf wir zusteuern, was richtig oder falsch ist und ob es darum überhaupt geht. Wir arbeiten mit fluidem Wissen, das täglich ergänzt und erweitert wird, das an- und ausprobiert werden will. Deshalb können wir hier keinerlei Anspruch auf Vollständigkeit erheben, geschweige denn Ihnen DEN Weg in die neue Arbeitswelt, zum wertvollen Arbeitgeber aufzeigen. Das ist auch gar nicht unser Ziel. Wir wollen Ihnen vielmehr ein paar Denkanstöße geben und Ihnen Mut machen, den ein oder anderen Schritt weg vom Gewohnten, weg vom „Gleicher Stress, nur ein anderer Tag/ein anderer Arbeitgeber" zu machen – für sich selbst, für Ihr Team, für Ihr Unternehmen.

Wir geben Ihnen einen Überblick über die Veränderungen und Trends, die in der Luft liegen und zeigen Ihnen Möglichkeiten, wie sich ein Unternehmen schrittweise zu einem Arbeitgeber entwickeln kann, der in jedem Sinne des Wortes wertvoll ist.

Kann das überhaupt gelingen, wenn man ein Produkt, eine Dienstleistung anbietet, die kaum einer kennt? Wenn man in einer Branche tätig ist, die keinen Glamour versprüht? Wenn der Firmensitz nicht im schicken München, im coolen Berlin oder in Hamburg, sondern auf dem platten Land ist? Wenn man weder Platz noch Kapazitäten für einen firmeneigenen Kindergarten, einen unternehmensinternen Wellnessbereich, ein Bällebad, ja noch nicht einmal für einen vernünftigen Kicker hat?

Wir glauben ja. Und wir haben auch ein paar Belege dafür. Gerade für den inhabergeführten Mittelstand bietet der Wandel große Potenziale. Denn hier gab und gibt es seit jeher Werte und Ziele, die über reine Gewinnmaximierung hinausgehen. Zudem sind mittelständische Strukturen vielfach offener und es wird generalistischer gearbeitet. Hier liegt einer der größten Hebel, neues Denken umfassend in eine Organisation zu tragen, um nachhaltig etwas zu bewegen – im Unternehmen, aber auch für einen größeren Kontext unserer Gesellschaft. Anders als „Konzern-Riesen-Tanker" könnte ganzheitlichere Transformation aus dem Mittelstand zügiger herbeigeführt werden – so die mittelständischen Unternehmen ausreichend Aufmerksamkeit und Zeit darauf verwenden. Für Konzerne ist es mit ihren personellen und finanziellen Ressourcen natürlich leichter, eigene Einheiten und Think Tanks zu gründen, die etwas Neues ausprobieren sollen. Wenn es im Mittelstand aber gelingt, sich bei Arbeitnehmern als bevorzugte Adresse zu positionieren und Mitarbeiter für sich zu gewinnen, die wirklich passen, sichert er sich klare Wettbewerbsvorteile und könnte auf lange Sicht auch nicht nur in der Arbeitgeberattraktivität an Konzernen vorbeiziehen.

Egal, in welchem Bereich Sie heute wirken – vor allem können Sie als Führungskraft mit Blick auf Ihr Team von den hier aufgezeigten Ansätzen profitieren. Und sei es nur, um im eigenen Bereich eine Insel zu schaffen, in der sich das Arbeiten für alle Beteiligten nicht nur angenehmer, sondern durch einen geeigneten Sinneswandel auch effizienter gestalten lässt – was diesen gleichzeitig für den Arbeitnehmer wertvoller und attraktiver machen wird.

Aus unseren Recherchen ziehen wir Schlussfolgerungen und stellen Thesen auf, für die es sicher Gegenbeispiele oder Gegenbeweise gibt. Und ja, vielleicht wird Ihnen das ein oder andere Thema zu kurz, zu lang zu breit oder zu rosa geblümt vorkommen. An anderer

Stelle können Sie unsere Gedanken vielleicht mitgehen oder etwas für sich herausziehen. Es gibt großartige wissenschaftliche und unterhaltsame Bücher und Angebote zu diesem Thema mit hervorragend recherchiertem und aufbereitetem Material. Unsere Intention ist es, Ihnen aus unseren Erfahrungen und Beobachtungen aus der Praxis etwas an die Hand zu geben, mit dem Sie arbeiten können.

Wir hatten beim Schreiben dieses Buches viel Freude und konnten über zahlreiche Diskussionen wertvolle, neue Erkenntnisse, auch für unseren eigenen Arbeitsalltag, gewinnen. Diese Freude wünschen wir nun Ihnen beim Lesen.

Zwei kleine Anmerkungen noch vorab: Selbstverständlich haben wir alles darangesetzt, die Gedanken, die andere Menschen vor uns entwickelt haben, auch diesen mit exakten Quellenangaben zuzuordnen. In multimedialen Zeiten wie diesen kann es aber ohne weiteres passieren, dass wir uns nicht mehr daran erinnern oder übersehen, woher die Inspiration kam. Die Versicherung nach bestem Wissen und Gewissen zitiert zu haben, muss an dieser Stelle also genügen. Und: Gleiche Rechte und Chancen für Frauen und Männer – das versteht sich für uns von selbst. Wenn wir in diesem Buch dennoch auf Doppelnennungen verzichten, gibt es dafür nur einen Grund: die bessere Lesbarkeit der Texte. Und die ist sicher auch im Sinne aller Leserinnen.

Die Welt – wie sie sich dreht und wie andere sie sehen

2

„Nichts ist so beständig wie der Wandel" – das waren noch Zeiten, als man zu diesem Satz bedächtig mit dem Kopf nicken und Zustimmungslaute brummen konnte. Heute ist der Wandel alles andere als beständig. In immer kürzeren Zyklen wird unsere ganze Welt von fundamentalen Veränderungen durchgeschüttelt. Fast täglich werden wir mit neuen Technologien und Erkenntnissen konfrontiert, von denen viele unsere Art zu leben, zu kommunizieren, zu arbeiten und zu denken gründlicher verändern als alle technischen, industriellen oder politischen Revolutionen zuvor. Die Herausforderung liegt darin, sich davon nicht verrückt machen zu lassen. Sich nicht als Ertrinkender zu fühlen, der wild rudernd versucht, den Anschluss nicht zu verpassen und den Kopf über Wasser zu halten, sondern zu einem optimistischen Surfer zu werden, der die nächste Welle nicht als Bedrohung, sondern als Chance sieht. Um dahin zu kommen, gilt es erst einmal eine kleine Bestandsaufnahme zu machen. Von sich, der Welt und von den Menschen, die darin leben. Genau davon handelt das folgende Kapitel.

2.1 Unsere (Arbeits-)Welt ist VUCA

Nein, VUCA ist keine neuartige Büropflanze, kein Gummibaum 2.0., der das Arbeitsklima positiv beeinflusst, sondern ursprünglich die Abkürzung einer Militärdoktrin, die Anfang der 90er Jahre in den USA entwickelt wurde, um die „neue Welt" nach dem Ende des Kalten Krieges zu beschreiben. Heute setzt sich VUCA zunehmend auch als Vokabel in der Geschäftswelt durch. Also, was ist VUCA (auf Deutsch: VUKA)? Der St. Gallener Professor Martin Eppler nennt es einen „*Zustand* …, nämlich die Anforderung an uns alle, sich in einer volatilen, unsicheren, komplexen und ambivalenten Welt zurecht zu finden."[1]

---

[1] Eppler, Martin: Editorial in OrganisationsEntwicklung 4/2015, S. 1 – meist steht „A" für „Ambiguität" (Mehrdeutigkeit von Worten und Sätzen)

© Springer Fachmedien Wiesbaden GmbH 2018
K. Eissfeldt, C. Jaeger, *So wird Ihr Unternehmen zum wertvollen Arbeitgeber*,
https://doi.org/10.1007/978-3-658-15549-0_2

Oder, um es mit den Worten von Dark Horse zu sagen: „Kompliziert war die Welt schon immer, heute ist sie auch noch komplex."[2] Worin der Unterschied liegt? Ganz einfach: Komplizierte Probleme lassen sich lösen. Sie sind klar benennbar und wenn man lange genug knobelt und tüftelt, findet man eine Lösung, einen Weg, und das Problem ist aus der Welt zu schaffen. Ganz anders bei komplexen (VUCA-) Problemen. Das fängt häufig schon mit der Problemdefinition an, weil gar nicht klar ist, was die Ursache und was die Wirkung ist. Was das Problem und was die Lösung ist, liegt vielfach im Auge des Betrachters. Kurz, es gibt, anders als beim komplizierten Problem, bei dem Spezialisten mit Fachexpertise gefragt sind, keinen theoretisch richtigen Weg, kein klares Ziel, und trotzdem muss etwas getan werden. Es ist ein bisschen so wie mit einem großen wirren Fadenknäuel – ist ein Knoten gelöst, entsteht woanders ein neuer. Die Kunst ist, sich davon nicht entmutigen zu lassen.

Ihnen ist das zu abstrakt? Hier ein paar Alltagsbeispiele für VUCA-Themen:

- Die Politik steht vor nationalen wie globalen Aufgaben, für die es die eine richtige Lösung nicht (mehr) gibt
- Wir alle sehen uns einer unendlich großen Informationsflut gegenüber, die im Prinzip nur mit Mut zur Lücke zu bewältigen ist. Es heißt, eine Auswahl zu treffen und Entscheidungen bewusst auch auf einer unvollständigen Informationsbasis zu fällen, weil es schlicht nicht möglich ist, alle Informationen zu haben, geschweige denn zu verarbeiten
- Unternehmen sind immer weniger dazu in der Lage, Kundenanforderungen der kurzfristigen Zukunft zu antizipieren – geschweige denn ihren Investoren Renditen in Aussicht zu stellen. Denn das Prinzip des Controllings – wir betrachten Daten aus der Vergangenheit, um Aussagen für künftige Entwicklungen und Entscheidungen zu treffen – funktioniert nicht mehr, weil schon in der allernächsten Zukunft ganz andere Parameter wirksam und relevant sind als in der Vergangenheit.
- Nicht zuletzt führt uns auch die Natur mit überraschenden Klimaphänomenen und unvorhersehbaren Naturkatastrophen in immer kürzeren Abständen vor Augen, dass Berechenbarkeit und Beherrschbarkeit der Welt – auch in Zeiten von Big Data – ihre Grenzen haben.

Dieser „Zustand VUCA" hat Einfluss auf unser gesamtes Leben. In Workshops und Gesprächen sehen wir immer wieder, dass VUCA vor allem im äußeren Umfeld wahrgenommen wird. Phänomene wie der (wahrgewordene) Brexit, die Flüchtlingssituation in Europa, die Unberechenbarkeit der Digitalisierung und die (erstaunliche) Macht von Trollen und „Alternativen Fakten" in den (sozialen) Medien beschäftigen und verunsichern die Menschen. Im Arbeitsalltag beeinflusst VUCA Teams, das Management, jede Funktion im Unternehmen und damit jeden Einzelnen von uns.

Erkenntnisse aus den Neurowissenschaften legen nahe, dass es uns Menschen nachhaltig verunsichert, wenn wir uns permanent Neuem stellen müssen. Die Gehirnfunktionen

---

[2] Dark Horse Thank God it´s Monday (2014), Kapitel: Früher war alles komplizierter

melden: Stress![3] Das Gefühl, im privaten wie auch im beruflichen Leben immer wieder von äußeren Einflüssen überrollt zu werden und die Kontrolle zu verlieren führt nicht selten zu massiven Stressgefühlen. Nicht umsonst sind psychische Erkrankungen wie Depressionen oder Burn-Outs dabei, dem Rücken als häufigste Erkrankung deutscher Arbeitnehmer den Rang abzulaufen.[4] Um dem entgegenzuwirken, versuchen immer mehr Menschen ihr psychisches Immunsystem durch Meditation, Yoga, Resilienz-Trainings und andere Techniken zu stärken. Gleichzeitig wird überall auf der Welt immer öfter über neue Managementmethoden und Unternehmensformen gesprochen. Das Spannende daran ist, dass bei diesen Diskussionen nicht (nur) der unternehmerische Erfolg im Fokus steht, sondern (auch) der Faktor Mensch. Und zwar nicht in seiner Funktion als Human-Kapital, sondern als das, was er ist: als Mensch.

Wann genau es angefangen hat, dass die über Jahrzehnte aufgebauten und durchaus erfolgreichen (Unternehmens-)Welten nicht mehr so richtig zu funktionieren scheinen und der Ruf nach echter, nachhaltiger und ganzheitlicherer Veränderung immer lauter wird, lässt sich nicht sagen. Fakt ist: Die Arbeitswelt, wie wir sie heute kennen und leben, wirft viele Fragen auf. Höchste Zeit, dass wir uns zumindest einigen von ihnen stellen!

2.2   Was macht VUCA mit uns – und was machen wir mit VUCA?

Stellen Sie sich einen Techno-Club vor. Die Musik treibt, wummert in Ihrem Bauch, füllt Ihre Ohren und Ihren Kopf, ein Stroboskop streut Lichtblitze durch Trockeneisnebel, bewegte Laserbilder verbreiten einen magischen Sog und geben Ihnen das Gefühl zu schweben, mitten in einer Menge tanzender Menschen … Sie haben Durst, also versuchen Sie, sich zu fokussieren und das Rauschen um sich herum auszublenden … Sie folgen Ihrem Impuls: jetzt ist Trinken wichtig.

Willkommen in der VUCA-Welt. Auch hier werden wir mit einer Flut von Reizen und Informationen, häufig widersprüchlichen Erkenntnissen und Herausforderungen konfrontiert, die wir weder parallel noch sukzessive, geschweige denn in ihrer Gänze erfassen können, weil sie sich ständig verändern und weiterentwickeln. Es passiert also das Gleiche wie im Techno-Club: Wir wählen Daten aus, teils bewusst (der Weg zur Bar), teils unterbewusst (Sie erinnern sich an fröhlich rot-weiß gepunktete Schuhe auf der Tanzfläche, ich mich an einen melancholischen Schnauzbart). Jeder Mensch ist anders und jedes Gehirn arbeitet anders, wir selektieren Informationen, interpretieren sie unterschiedlich und schaffen damit die Basis, um unsere nächsten Aktionen im (Arbeits-) Leben zu planen und durchzuführen. Dass unser Zusammenleben und Zusammenarbeiten dadurch nicht

---

[3] Vgl. Creutzfeld P, Notebaert K (2015): Wie das Gehirn Spitzenleistungen bringt: mehr Erfolg durch Achtsamkeit – Methoden und Beispiele für den Berufsalltag, Frankfurter Allgemeine Buch

[4] DAK-Report 2016 über Tagesspiegel.de vom 03.08.2016

unbedingt leichter wird, liegt auf der Hand. Es kann beides aber auch ungemein bereichern, wenn man bewusst damit umgeht. Aber lassen Sie uns erst noch einmal bei dem bleiben, was wir „da draußen" gerade erleben.

Natürlich war die Wahrnehmung auch schon vor VUCA selektiv, vielleicht war auch die Welt immer schon ein bisschen VUCA. Aber die massive Zunahme von Daten und Informationen, und damit die Komplexität der Zusammenhänge, verstärkt den Drang zum Ausblenden, um eine vermeintlich sichere (Planungs-) Basis für Haltungen, Handlungen und Entscheidungen zu schaffen. Denn die Veränderungsgeschwindigkeit ist einfach zu groß geworden als dass wir es mit unserer Hirnleistung schaffen, all das Neue zu verarbeiten.

Zukunftsforscher Bob Johansen, ein VUCA-Spezialist, identifiziert in diesem Zusammenhang einige immer wiederkehrende Muster[5]:

Schwarz-Weiß-Malerei
Die Komplexität der Welt wird minimiert, indem man Graubereiche ausblendet und sich Informationen sucht, die das eigene Weltbild stärken. Internet, RSS-Feeds und Social Media machen es leichter denn je, sich nicht mit der Meinung der anderen auseinanderzusetzen, sondern, ganz im Sinne von Festingers Ausführungen zur Theorie der kognitiven Dissonanz, nur das wahrzunehmen, was die eigene Überzeugung untermauert. Auch wer sich immun gegen den Rückzug in die – inzwischen viel zitierten – Echokammern wähnt, ist davor nicht gefeit. Ausgerechnet unser Tor zur Welt, die Internetsuchmaschinen, agieren hier als Gatekeeper. In Zeiten Lernender Algorithmen ist kaum eine Suchanfrage mehr neutral. Google und Konsorten wissen, dass Sie, wenn Sie nach „Flüchtlingen" suchen, überwiegend bei Artikeln hängen bleiben, in denen es darum geht, wie Sie helfen können. Dementsprechend werden Ihnen Suchergebnisse ausgespielt, die dazu passen. Ihr Nachbar, der ein wenig ängstlich ist und mehr Zeit auf Seiten verbringt, auf denen er erfährt, wie er Haus und Hof vor fremden Zugriffen schützen kann, wird bei der gleichen Suchanfrage über die (vermeintlich) neutrale Suchmaschine ein anderes Suchergebnis ausgespielt bekommen als Sie. Aber bleiben wir noch einen Moment beim Thema Flüchtlinge. Je nachdem welche Informationen aus all den (vermeintlichen) Fakten ausgewählt werden, welcher intellektuelle, soziale, kulturelle und persönliche Hintergrund dahintersteht, welche Medien rezipiert werden, wie Freundes- und Familienkreis zum Thema stehen, spalten sich die Lager in eine ausgeprägte Willkommenskultur einerseits und eine die-Grenzen-dicht-Fraktion auf der anderen Seite. Wer einen Standpunkt zwischen diesem Schwarz-Weiß-Polen einnimmt, stößt auf wenig Gegenliebe. Der Graben scheint derzeit zu tief für eine Vermittlung zu sein.[6] Der Ton in der Politik wird auch immer rauer – diplomatische oder auch nur respektvolle Formulierungen sind augenscheinlich nicht mehr en vogue. Man setzt auf postfaktische Aussagen und gefühlte Realitäten. Das mag in TV-Debatten und im Wahlkampf zwar nicht fein, aber opportun und aus dramaturgischen Gründen gewollt sein. Welche Auswirkungen aber hat zunehmende Polarisierung für die Kommunikation und die Lösung von komplexen Fragestellungen im Unternehmensalltag?

---

[5] Zusammenfassung aus verschiedenen Vorträgen

[6] Vgl. hierzu auch den Artikel „Kulturschock" von Lara Fritzsche im SZ-Magazin vom 20. Januar 2017

Entscheidungslähmung

Die schier unendlichen (Informations-) Möglichkeiten, die wir u. a. durch die weltweite Vernetzung in nahezu allen Lebensbereichen haben, stellen uns auch bei vermeintlich kleinen Entscheidungen vor immer größere Herausforderungen. Ob der Kauf eines Fernsehers oder der Abschluss eines Handyvertrags, Ernährungsfragen oder die Wahl eines Hobbies: Stets sehen wir uns mit einer Vielzahl von Alternativen, von Pros und Cons konfrontiert. Nur selten liegt die richtige Lösung für diverse Dilemmata klar auf der Hand. Bei Entscheidungen, an denen mehr als eine Person beteiligt ist, treten wir dabei nicht nur in einen Kampf mit uns selbst, sondern finden uns in Multilemma-Situationen wieder. Natürlich kann man es nicht allen recht machen, aber Sie ahnen, wie schwierig es vor diesem Hintergrund in Teams und Unternehmen sein kann, überhaupt zu einer Entscheidung zu kommen. Geschweige denn, sich dieser Entscheidung auch sicher genug zu sein, um sie als richtig zu empfinden.

Chaos oder Disruption?

Die Veränderungsgeschwindigkeit nimmt immer weiter zu. Eine Geschäftsidee, die heute noch vielversprechend ist, kann morgen, spätestens übermorgen, schon der Vergangenheit angehören. Nehmen wir das Aufkommen der Internet-Cafés: mit der Gründung war für kurze Zeit ganz gut Geld zu verdienen. Und heute? Wann haben Sie zuletzt ein Internet-Café gesehen oder gar eines betreten? Smart-Phones und Tablets haben dieses vielversprechende Geschäftsmodell binnen weniger Jahre überflüssig gemacht. Nicht zu wissen, wie schnell sich ein heute wirklich solides Geschäftsmodell im Markt selbst überholt, wie lange es noch dauert, bis Bots, Künstliche Intelligenz oder andere niemals müde, vermeintlich fehlerlose Wesen den eigenen Arbeitsplatz obsolet machen, führen zu Chaos – vor allem in den Köpfen. Es entsteht das Gefühl, auseinanderzufallen. Es kann aber auch ebenso gut zu „schöpferischer Zerstörung/Disruption" (Christensen) führen und uns Neuerungen bringen, die zur positiven Weiterentwicklung in der Welt beitragen – während dafür anderes weichen muss, was einfach ausgedient hat, realistisch gesehen nicht mehr gebraucht wird, keinen Nutzen mehr stiftet. Wenn sich das Konzept Arbeit, so wie wir es heute kennen, überholt, weil intelligente Maschinen einen besseren Job machen und weil arbeiten an sich für immer mehr Menschen – und Volkswirtschaften – an Sinn verliert, weil sie trotz knochenharter Acht-Stunden-Tage auf staatliche Unterstützung angewiesen sind, muss das nicht in Not und Verzweiflung enden. Es kann ganz neue Perspektiven eröffnen, wie zum Beispiel James Livingstone zeigt.[7]

Freud und Leid im Kultur- und Werte-Mix

Sicher nicht erst durch VUCA, sondern eigentlich seit Menschengedenken, treffen Menschen verschiedener Kulturen und damit auch die unterschiedlichsten Prägungen und Werte aufeinander. Das kann unseren Horizont erweitern und ganz neue Möglichkeiten in der Zusammenarbeit eröffnen. Es kann aber auch zu Ängsten führen, gerade in einer Welt,

---

[7] Vgl. dazu u. a. die Ausführungen von Professor James Livingston „No more Work"

die immer vernetzter ist und sich immer schneller zu drehen scheint. Die Lösung kann nicht darin liegen, alles gleich zu machen oder sich abzugrenzen. Wenn wir Vielfalt und Unterschiedlichkeit nicht als Blockade, sondern als Bereicherung erleben wollen, müssen wir sie auch thematisieren und vor allem: zulassen!

Das „Ich-doch-nicht"-Syndrom
Unsere natürliche Neigung, immer die Daten auszuwählen, die in unser „Mindset" passen, um Situationen/Personen schnell und vermeintlich richtig einordnen zu können, bringt uns häufig auf den Holzweg. Gerade wenn wir in komplexen Situationen unter Druck geraten, wenn eine zügige Reaktion von uns erwartet wird, sind wir nur allzu bereit, die eigene Verunsicherung und die Mehrdeutigkeit von Aussagen (also eben durch VUCA) auf andere zu schieben. Das heißt, statt selbst Verantwortung zu übernehmen und in Ruhe zu überlegen, wie wir selbst einen konstruktiven Beitrag zur Lösung von Problemen leisten können, weisen wir anderen die Schuld für unser Dilemma zu.

Trennung vom Selbst
All dies führt dazu, dass wir vor lauter Hecheln und dem Bemühen, im Arbeitsleben (und nicht nur da) zumindest die lodernsten Flammen der brennenden Hütten um uns herum im Griff zu haben, völlig vergessen, uns darauf besinnen, was unsere eigentlichen Stärken sind, wofür wir eigentlich da sind und wie wir unser Leben gestalten wollen. Dadurch entfernen wir uns immer mehr von uns selbst. Wie anders war das noch, als ein Unternehmer in der Nachkriegszeit seine Ideen in ein Beruf(ung)s-Konzept umgesetzt hat. Bei Nachfahren des Gründers, erst recht bei Fremdgeschäftsführern derselben Firma, spielen inzwischen ganz andere Motivatoren eine Rolle. Wer heute im (Arbeits-) Leben noch ganz bei und mit sich im Reinen ist, sind (einige) Freelancer, Mitarbeiter in (manchen) Start-Ups – oder arbeitet in einem Unternehmen, das in einem ganzheitlichen Sinne als wertvoller Arbeitgeber angesehen werden kann.

Der Ruf nach Orientierung
Ein weiterer Versuch, die Komplexität, die Daten- und Informationsflut, mit der uns die VUCA-Welt konfrontiert zu reduzieren, ist der Ruf nach Regeln, klar definierten Prozessen und Checklisten, der in Unternehmen, aber auch im gesellschaftlichen Leben wohl selten so laut war wie heute. Schließlich versprechen klare Vorgaben Handlungssicherheit. Wer sich an Schema F hält, genau nach Prozesshandbuch handelt, macht alles richtig – oder ist zumindest nicht dafür verantwortlich, wenn doch etwas falsch läuft. So wie jene Amerikaner, die erfolgreich gegen Brausehersteller klagen, weil diese nicht explizit darauf hingewiesen haben, dass der ausschließliche oder übermäßige Konsum ihrer Produkte wenig gesundheitsförderlich ist.

Kurz, die Zumutungen der VUCA Welt rufen bei uns, je nach Persönlichkeitstyp, kulturellem Kontext, normativer Vorgaben oder anderer Parameter zum Teil gegensätzliche Reaktionen hervor. Auf jeden Fall verunsichern sie uns. Und diese Verunsicherung triggert

Abb. 2.1 Folgen des „fight-flight-freeze"-Mechanismus in der VUCA-Welt

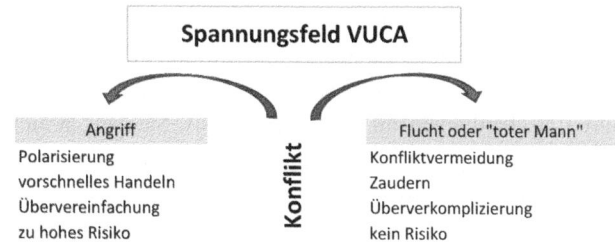

in uns einen ganz natürlichen „fight-flight-freeze"[8]-Mechanismus an, der wiederum in zu viel bzw. zu wenig Handlung mündet (siehe Abb. 2.1).

Es liegt auf der Hand, dass weder das eine noch das andere zu einer erfolgreichen Lösung führt, dass es den Königsweg nicht gibt und die Wahrheit wie immer irgendwo dazwischenliegt. Lassen Sie sich davon nicht entmutigen!

Die (unternehmerische) Herausforderung liegt darin, einen Umgang mit einer Situation zu entwickeln, eine bestmögliche Handlungsfähigkeit, die vom Einzelnen nur schwerlich zu beeinflussen ist. Da das Umfeld VUCA ist und unter anderem die genannten Phänomene hervorruft und verstärkt, ist klar, dass sich die Aufgaben von heute und morgen nicht mit Methoden von gestern lösen lassen. Die Wege, wie Unternehmen bisher geführt wurden, haben zwar bis kurz vor neulich gut funktioniert – schließlich haben sie uns unseren heutigen Wohlstand beschert – aber sie stoßen immer mehr an ihre Grenzen. Wir werden unsere Arbeitswelt neu denken müssen. Und wir werden ganz neue Fähigkeiten brauchen. Fähigkeiten, die in unserem Bildungssystem, wie es heute ist, nicht vermittelt werden. Fähigkeiten, die nicht einfach anstudiert, nicht mehr in klare Modelle und Methoden gepresst werden können. Wenn wir VUCA nicht nur ertragen, sondern ein *VUCA-Surfer* werden wollen, brauchen wir mehr – erhöhte Flexibilität und Wachsamkeit sind dabei nur ein Anfang.

Unser Angebot, einen positiven Umgang mit VUCA zu entwickeln heißt: Lernen Sie Surfen. Getreu dem Kalenderspruch: „You can't change the waves, but you can learn to surf".

Wir meinen damit ein Ineinandergreifen, ein bestmögliches Verbinden aller Einflussfaktoren, um möglichst nah an den Zustand heranzukommen, in jedem Moment aus dem Stand heraus die für die aktuelle Situation bestmöglichen Reaktion zu finden. Es sieht so aus, als seien völlig neue Herangehensweisen im Denken und Handeln erforderlich, als müssten wir uns ein Stück weit neu erfinden.

Wir wollen Sie ermutigen, sich bei der Führung Ihres Unternehmens/Ihres Teams gegenüber ganz neuen Wegen zu öffnen. Sich – zumindest ein Stück weit – von Kontrolle, Fünfjahresplanung und Ähnlichem zu verabschieden. Versuchen Sie, im Hier und Heute zu führen, also „auf Sicht" und damit nachhaltiger zu werden. Wir wissen, dass wir Ihnen

---

[8] Aus Wikipediaeintrag: „fight-flight" (Walter Cannon, 1915), im Jahr 1988 erweitert durch „freeze" (Jeffrey Allan Gray), wenn weder Kampf noch Flucht, sondern nur noch „totstellen" eine realistische Option darstellt

damit einiges zumuten. Schließlich rütteln wir an den Grundfesten der aktuell gültigen Unternehmens- und Management-Konzepte. Aber es kann sich lohnen. Schon heute gibt es einige Menschen und Unternehmen, die sich auf den Weg gemacht haben. Sie treffen ihre Entscheidungen auf einer neuen Basis. Sie denken nicht an die berühmte 7. Welle, die nach irgendwelchen Berechnungen irgendwann einmal kommt (oder auch nicht), sondern surfen mit Begeisterung und Erfolg auf der jeweils aktuellen. Parallel halten Sie Ausschau nach der nächsten und bereiten sich so gut es eben geht darauf vor. Und ganz gleich, woher diese nächste Welle kommt und wie hoch sie auch sein mag: Diese Menschen und Unternehmen haben keine Angst vor Veränderung, klammern sich nicht an starre, längst überholte Konzepte, sondern sehen dem, was da kommt, neugierig und zuversichtlich entgegen. Dass sie das ein oder andere Mal vom Brett fallen und gelegentlich auch eine gehörige Portion Salzwasser schlucken müssen, kann sie nicht erschüttern.

Warum der Weg zum wertvollen Arbeitgeber eng mit dem Weg zu dieser Einstellung verbunden ist? Weil es hier mehr denn je und mehr als irgendwo sonst der menschliche Faktor ist, der den Unterschied macht. Es geht nicht mehr (nur) um Fachwissen, Erfahrung und Talent, nicht mehr (nur) darum, eine bestimmte Position, eine Rolle zu erfüllen, sondern darum, sich immer wieder neu zu positionieren – als Unternehmen, als Team, als Arbeitnehmer und als Individuum. Dazu braucht es Vertrauen, Engagement, (psychologische) Sicherheit und einen genaueren, tieferen Blick auf Zusammenhänge und Wirkungen – all das fehlt in vielen Unternehmen derzeit.

Also versuchen wir im nächsten Schritt einmal Verständnis aufzubauen. Verständnis dafür, was Arbeitnehmer von heute bewegt.

2.3   Aus Kindern werden Leute – die Generationen der anderen

Seit Menschengedenken glaubt jede Generation von sich, besser zu sein als die vorherige und die nachfolgende. Die vorangegangene wird als unbeweglich, irrgläubig und nicht 100 % zurechnungsfähig empfunden. Die nachfolgende bekommt das Label unambitioniert, ahnungs- und orientierungslos. Natürlich ist das Quatsch. Schließlich ist jeder Mensch anders. Dennoch werden wir uns hier mit Generationenfragen befassen.

Um einen Einblick in unterschiedliche Beweggründe, Werte- und Erlebenswelten Ihrer Mitmenschen – und vielleicht auch Ihrer eigenen – zu bekommen. Das vielzitierte XYZ-Generationen-Muster nutzen wir dabei in erster Linie zur Strukturierung. Wir sind überzeugt davon, dass Wertewandel und gesellschaftliche Entwicklungen jede Generation bewegen und prägen – und jeden innerhalb der Generation anders. Aber man muss ja irgendwo anfangen. Gerade in einer Welt, die VUCA ist.

Die Generation XYZ – wer ist das eigentlich?
Sie sind zwischen 1965 und 1978 geboren? – Dann gehören Sie zur Generation X
Sie sind zwischen 1979 und 1999 geboren? – Dann gehören Sie zur Generation Y
Sie sind danach geboren und lesen DIESES BUCH? – Dann gehören Sie NICHT zur Generation Z :-)

2.3.1   **Generation X**

Alles redet aktuell über die Generationen Y und Z. Warum wir uns hier auch mit der Generation X befassen? Ganz einfach: Sie sind die Leistungsträger von heute. Und sie sollten es noch eine ganze Weile lang sein. Denn die Generation Y kann sie schon rein zahlenmäßig nicht so schnell ersetzen. Die ältesten Vertreter der Generation X sind Anfang 50, die jüngsten Ende 30 – die Rente mit 60 werden sich die wenigsten von ihnen leisten können oder wollen. Extrem gesprochen gelten Mitarbeiter jenseits der 35 dennoch in vielen Unternehmen nach wie vor eher als Ballast, ab Mitte 40 gehören sie bestenfalls zum Inventar und werden halt noch mitgezogen. Förderung oder gar Neueinstellung von Mitarbeitern jenseits der 50? Auf die Idee kommen viele gar nicht erst. Zugegeben, einige Vertreter der Generation X machen es Unternehmen auch nicht leicht, sie als flexibel, bildbar und engagiert wahrzunehmen. Aber aus unserer Sicht lohnt es sich, auch und gerade bei dieser Generation ein bisschen genauer hinzusehen und Potenziale nicht einfach auf dem Abstellgleis brach liegen zu lassen. Davon könnten Unternehmen, Gesellschaft und der Einzelne nachhaltig profitieren.

Der zweite Grund, aus dem wir uns hier auch mit der Generation X beschäftigen, ist noch viel einfacher: Ohne sie ist die Generation Y nicht zu verstehen.

The only Way is Up

Alles wird anders, aber es wird immer besser. Mit diesem guten Gefühl ist die Generation X groß geworden. Und tatsächlich sah es auch lange danach aus. Als sie anfing, ins Arbeitsleben einzusteigen war das eine große Party. Die Dotcom-Blase war gerade dabei, sich aufzublasen und die Generation X mittendrin. Die Drinks waren cool, die Klamotten teuer, die Autos schnell, die Arbeit geil. Vor allem bei den Bankern, Werbern, in der IT und bei den Medienleuten. Aber nicht nur da. Man konnte in dieser Zeit durchaus auch auf zufriedene, frisch ausgelernte Metzger, Köche oder Speditionskaufleute treffen. Menschen, die stolz auf das waren, was sie tun und Spaß dabei hatten. Weil ihnen die Arbeit das gegeben hat, was sie wollten und das waren in erster Linie: Geld und Sicherheit.

Die Generation X ist mit dem Credo aufgewachsen: Wenn man hart genug arbeitet, steht einer sorgenfreien Zukunft nichts entgegen. Und genau so ist es erst einmal gekommen. Sogar noch besser. Bei den Bankern in der Londoner City gab es eine Zeit, in der sich die Gehälter bei einem Jobwechsel nicht verdoppelten, sondern verachtzehnfachten!

Die Generation X hatte erstmals eine grundlegend andere Einstellung zur Arbeit als ihre Eltern. Während für diese noch weitestgehend galt: „Wir leben, um zu arbeiten.", hat die Generation X für sich postuliert: „Wir arbeiten, um zu leben." Jeden Tag ein bisschen besser und am allerbesten, wenn wir dann mal in Rente gehen, denn die ist ja sicher.

Beim Berufseinstieg bereitete man sich deshalb nicht nur im Geiste, sondern auch ganz konkret schon mal auf den Vorruhestand vor. Die Rentenlücke war natürlich schon ein Thema, aber es schien beherrschbar. Man würde hart arbeiten, jedes Jahr etwas mehr Geld verdienen, das in Aktien, Lebensversicherungen und Bausparverträge anlegen und dann spätestens mit 60 in den ewigen Feierabend gehen. Es sollte anders kommen.

Das ICH und die Ideale bleiben zu Hause – der Rest geht arbeiten

Arbeiten war also in erster Linie dazu da, um „Kohle zu machen", ein notwendiges Übel, um sich Träume zu verwirklichen. Viele der Generation X waren zu Schul- und Unizeiten ökologisch bewegt und träumten von einer besseren Welt. Doch als es dann um den richtigen Ernst des Lebens ging, haben die allermeisten Birkenstock und Wollsocken bereitwillig gegen Anzug und Kostüm getauscht, bei der Bank statt im Bioladen gearbeitet und sind statt Jugendgruppenleiter doch lieber Yuppies mit Consulting-Jobs geworden. Wer trotzdem Sozialpädagoge wurde, hat damit auch seine Eltern in Erklärungsnot gebracht. Denn: Was soll man den Nachbarn sagen, wenn die erzählen, wie weit es der ehemalige Sandkastenfreund inzwischen gebracht hat? Ideale, das war relativ klar, gehören ins Privatleben. Im Berufsleben zählen andere Werte.

Vorrangig geht es um Status, Macht und Prestige. Und damit um Show. Man hat eine Berufspersönlichkeit und eine Privatpersönlichkeit. Man kleidet sich anders – auch am Casual Friday – spricht anders und nimmt seine Mitmenschen ganz anders wahr als im privaten Kontext.

In-Group/Out-Group

Für die Generation X war das kein Problem. Rollenspiele gehörten für sie selbstverständlich zum Leben dazu, schließlich waren sie die Generation der Punks, Popper, Ökos und Waver. Sich durch bestimmte Symbole, Dress- oder Sprachcodes von anderen abzugrenzen und so den eigenen Status zu definieren war der Generation X spätestens in der Schule in Fleisch und Blut übergegangen. Warum? Weil sie zwar eine sehr ausdifferenzierte Jugendkultur, aber kein Internet hatte. Wer in den späten 80ern Gleichgesinnte treffen und mit ihnen ins Gespräch kommen wollte, konnte nicht einfach ein bisschen googeln. Er musste qua Kleidung, Haarfrisur, Sprache etc. möglichst eindeutig nach außen kommunizieren, welchen Musikgeschmack, welche Geisteshaltung, politische und sexuelle Orientierung er hat. Und natürlich wurden diese Codes kontinuierlich verfeinert – schließlich ging es auch darum, sich von Pseudos abzugrenzen.

Diese Abgrenzungs-Mechanismen hat die Generation X auch auf die Arbeitswelt übertragen und weiterentwickelt. Das Ergebnis ist häufig fatal. Experten, die gar nicht erst versuchen, ihr Wissen in einfache Worte zu packen, damit auch Laien ihre Analysen und Erkenntnisse nachvollziehen können, sind leider keine Seltenheit. In den wenigsten Fällen tun sie das, um bewusst zu vernebeln. Viel häufiger sind sie von Angst getrieben, im Ansehen zu fallen, wenn sie eine allgemein verständliche Sprache verwenden. Dass ihre Arbeit in der Fachwelt weniger wert ist, wenn sie anderen vollständig verständlich und zugänglich ist. Häufig zu beobachten sind Teams und Abteilungen, die sich z. B. durch die inflationäre Verwendung von internen oder fachspezifischen Akronymen sowie durch Referenzen auf bestimmte abteilungsinterne Vorgänge etc. von anderen abgrenzen – und andere damit zu *Out-Groups* machen. Nicht-Mitlachen können ist hier das kleinste Problem. Viel dramatischer ist dagegen die Tatsache, dass viel Energie und Zeit darauf angewandt wird, den Codes und Symboliken zu entsprechen beziehungsweise im Falle von neuen Mitarbeitern: diese zu dechiffrieren und zu erlernen. Wie viele Mitarbeiter

äußern ihre Ideen, geschweige denn ihre Meinung gar nicht erst, aus Angst, über unge-
schriebene Codes zu stolpern?

Dieses In-Group/Out-Group-Denken lähmt. Und es verhindert Kreativität und Entwicklung. Weil echte Diversität hier gar nicht erst erwünscht ist. Weil Menschen, die Rollen
spielen, eher darauf achten, was von ihnen in dieser Rolle erwartet wird, als auf das, was
wirklich wichtig ist. Weil die Kolleginnen und Kollegen in erster Linie in ihren Rollen
wahrgenommen werden und nicht als Persönlichkeiten. Echtes Engagement entsteht so
eher selten, auch wenn hart und lange gearbeitet wird. Schließlich ist es immer nur ein Teil
der Persönlichkeit, der zur Arbeit geht. Emotionen, Empathie, Leidenschaft und Begeiste-
rungswillen bleiben mit dem „Privaten Ich" ebenso weitgehend zu Hause wie moralische
Überzeugungen, Nachhaltigkeit und Verantwortungsbewusstsein.

Reality Bites

Für die Generation X lief erst einmal alles nach Plan. Zumindest für die, die *In* waren. Sie
waren busy, hip und cool. Sie haben hart gearbeitet, aber es hat sich ausbezahlt. Und die,
die sich den Hippen und Coolen noch nicht zugehörig gefühlt haben, haben den Großteil
ihrer Aufmerksamkeit und Energie darauf gerichtet, genau dem nachzulaufen – um eines
Tages auch dazuzugehören.

Dann ist die Blase geplatzt – 2001 und 2008 gleich noch einmal. Vielen ist etwas passiert,
was sie niemals für möglich gehalten haben: Sie sind arbeitslos geworden – und nirgends
winkte ein Headhunter mit dem nächsten, noch besser bezahlten Job. Trotz BWL-Stu-
dium und Auslandserfahrung und trotz überdurchschnittlichem Engagement und beein-
druckenden Karriereschritten. Das Credo „The only Way is Up" galt nicht mehr. Das saß,
auch bei denen, die nicht direkt betroffen waren. Denn sie sahen, wie Freunde plötzlich
stundenlang an einem Bier festhielten, statt eine Runde nach der anderen zu schmeißen,
wenn sie sich denn überhaupt noch im urbanen Nachtleben blicken ließen. Einkaufen bei
Aldi wurde plötzlich chic und auch der Urlaub im Harz gewann wieder an Attraktivität –
nicht nur der Kinder wegen. Doch es war weit mehr als nur ein kleiner Kater nach der ganz
großen Party. Spätestens nach 9/11 und dem Platzen der nächsten Blase war klar: Die alten
Versprechen gelten nicht mehr. Die globalisierte Weltwirtschaft frisst die Träume ihrer
Kinder. Dass die Textilarbeiterin in Bangladesch, die die kleinen Polospieler auf die Shirts
der internationalen Consulting-Elite näht, wohl niemals die Chance haben würde, auch
nur etwas mehr aus ihrer Existenz zu machen, ganz gleich, wie hart und lange sie arbei-
tete – das hat man geahnt und an guten Tagen versucht ein bisschen zu ändern. Aber dass
top-ausgebildete, leistungswillige Akademiker in der westlichen Welt einmal mit echten
Existenzängsten zu kämpfen haben würden – das ist gegen die Regeln, mit denen die
Generation X aufgewachsen ist.

Und so kommt auch sie ins Grübeln darüber, was Arbeit für sie noch bedeutet außer des
schnöden Austauschs von Lebenszeit gegen Geld. Ob es sich tatsächlich lohnt, den Großteil
seines Lebens eine Rolle zu spielen und mit unendlich viel Kraft und Energie Scheinge-
fechte auf unwichtigen Nebenplätzen zu führen, damit die Form gewahrt und ein vermeintlicher Prestigeverlust abgewehrt werden kann. Dass sich die Dialektik Arbeit vs. Leben

nicht ohne Kollateralschäden durchziehen lässt, haben die meisten von ihnen schon vorher gemerkt. Weil „echte" Arbeit eben kein Praktikum oder Ferienjob ist und nach ein paar Wochen/Monaten endet, sondern etwas, das einen ganz erheblichen Teil der Lebenszeit in Anspruch nimmt – und die, auch das wird der Generation X langsam bewusst, ist endlich und wird mit jedem Tag kürzer. Zähne zusammenbeißen und ans Geld denken, hat von Anfang an nicht für alle funktioniert. Mal ganz davon abgesehen, dass dabei auch einige Zähne und Kiefer kaputtgegangen sind – die Generation X ginge auch gut als *Generation Knirschschiene* durch. Bore-Out und Burn-Out sind für viele in der Generation X keine Unbekannten. Auch das „Sonntagnachmittags-Syndrom" ist weit verbreitet, jene langsam aufsteigende schlechte Laune und (leichte) Übelkeit, weil der Montag bevorsteht, die Sache mit dem Lottogewinn mal wieder nicht geklappt hat, und man ergo in ein paar Stunden wieder eine Rolle spielen muss, die einem alles andere als auf den Leib geschnitten ist.

Aber: Muss das alles sein?

2.3.2   Generation Y

Warum heißen die eigentlich so? Ganz einfach: Weil sie auf die Generation X folgen. Es gibt aber noch ´zig andere Erklärungen dafür und ein paar andere Bezeichnungen. Einige wie *Millenials* (weil die Jahrtausendwende für sie den Einstieg in den Ernst des Lebens beziehungsweise das Leben selbst markiert), sind eher den äußeren Umständen ihrer Geburt geprägt. Andere rücken prägende Charakteristika dieser Generation in den Fokus. Wir werden ein paar der Schlagworte, mit denen die Generation Y gelabelt wird, aufgreifen, um ein paar Schlaglichter darauf zu werfen, was diese Generation bewegt.[9]

Da die Generation Z aktuell noch dabei ist, ihre eigene Identität zu entwickeln und noch nicht wirklich klar ist, ob und wenn ja, wie sie sich gerade im Hinblick auf ihre Einstellung zur Arbeit von der Generation Y unterscheidet/unterscheiden wird, werden wir ihr kein eigenes Kapitel widmen. Alles, was für die Generation Y gilt, gilt aus unserer Sicht erst einmal auch für die Generation Z. Wenn wir also im Folgenden von der Generation Y sprechen, sind damit immer auch die Generation Z, also alle, die noch folgen, gemeint.

Die Macht der Demographie
Warum alle über die Generation Y reden? Sie haben die „Macht der Demographie"[10]

Spätestens seit den 70er Jahren ist klar, wohin die demographische Entwicklung in Deutschland, aber auch weltweit führt. Die Folgen für Gesellschaft, für Wirtschaft im Großen und im Kleinen, sind bekannt. In den vergangenen Jahrzehnten wurden unzählige Studien durchgeführt und geprüft, welche Maßnahmen sinnvollerweise ergriffen werden

---

[9] Vgl. DGFP e. V. Praxispapier 9/2011: „Zwischen Anspruch und Wirklichkeit. Generation Y finden, fördern und binden", Seite 10

[10] Vgl. Kerstin Bund et al. 2013: „Generation Y: Wollen die auch arbeiten?" Auf Zeit.de

sollten, um frühzeitig und proaktiv auf den demographischen Wandel zu reagieren. Das Thema wurde über die Dekaden hinweg immer mal wieder von den Medien und Politik als „Eine unserer wichtigsten Herausforderungen" oder so ähnlich thematisiert. Nur: was ist denn wirklich passiert in all den Jahren?

Jetzt sind wir mittendrin in der demographischen Metamorphose von der Pyramide zum Pilz. Es können schon rein zahlenmäßig weniger gut ausgebildete, engagierte Arbeitskräfte nachkommen, als wir bräuchten, um wenigstens den Status Quo zu halten und Renten zumindest auf niedrigem Niveau zu sichern. Aber das ist ja nicht das Ziel. Sondern Wachstum. Höher. Schneller. Weiter. Deshalb ist die Generation Y nicht nur quantitativ, sondern auch qualitativ ge- und überfordert. Tatsächlich herrscht in einigen Unternehmen der Glaube vor, man müsse nur ein paar Vertreter der Generation Y einstellen, dann klappt das auch mit der digitalen Transformation, dann wird auch aus dem konservativsten Traditionsunternehmen ein sexy Global Player mit Start-Up Spirit.

Kurz: Die Erwartungen an die Generation Y sind enorm. Was den ein oder anderen zunehmend in Erstaunen versetzt ist Folgendes: Die Generation Y weiß um ihren wirtschaftlichen Wert – und sie hat ihre ganz eigene Vorstellung von der (Arbeits-)Welt.

Trophy Kids und Helikopter-Eltern
Die Generation Y ist eine Generation von wohlgeplanten Wunschkindern. Sie sind für ihre Eltern etwas ganz Besonderes. Und damit ist auch (fast) alles, was sie tun und sagen für ihre Eltern etwas ganz Besonderes. Die Entscheidung für die Elternschaft war meist eine sehr bewusste – genauso wie der Wunsch, ganz besonders bewusst die Kindheit erleben zu wollen. Ob die Kleinen ihr erstes Bäuerchen machten, die zwölfmillionste lachende Sonne malten, ihr erstes Fußballturnier bestritten, einen Schal strickten oder sich einfach nur eine Cola aus dem Kühlschrank nahmen – die Helikopter-Eltern kreisten um sie herum, unterstützten und lobten sie nach Kräften. Von Anfang an durften die Kleinen mitentscheiden – nicht nur wenn es darum ging, ob sie lieber einen Apfel oder eine Banane wollten, das grüne oder das blaue T-Shirt anziehen möchten, sondern auch schon, wenn Entscheidungen anstanden, die die ganze Familie betrafen. Vom Ausflug am Wochenende bis zur Innenausstattung des neuen Familienautos haben sie schon als Dreijährige ganz selbstverständlich eine Stimme gehabt, die gehört und berücksichtigt wurde. Was das aus Kindern macht? Sie kommen zu der Überzeugung, etwas ganz Besonderes zu sein/sein zu müssen.[11] Ging es der Generation X in erster Linie um Zugehörigkeit zu einer Gruppe, also darum Habitus, Codes, Symboliken etc. möglichst weit zu adaptieren und damit dazuzugehören, will die Generation Y als Individuum und in all seinen Eigenheiten wahrgenommen werden. Wo die Generation X eher danach strebte, als Mitglied einer bestimmten Herde wahr- und angenommen zu werden, ist die Generation Y eine Ansammlung von Einhörnern, jedes für sich ein bewundernswertes Individuum.[12]

---

[11] Vgl. Tobias Becker: „Narzissmus: Die größte Liebe unseres Lebens." In: DER SPIEGEL 26/2016
[12] Vgl. Tim Urban: „Warum die Generation Y so unglücklich ist" auf Welt.de 10/2014

Die Generation Y ist es gewohnt, sich entfalten und verwirklichen zu dürfen. Kein Wunder also, dass sie auch von ihren Chefs Aufmerksamkeit, Förderung und ständiges Feedback erwarten. Dass Feedback dabei nicht immer „Großes Lob" heißen muss, ist der Generation Y wesentlich klarer als so manchem Chef. Konstruktiv muss es sein, das ja, aber beileibe nicht immer positiv. Sie sind keine Egomanen, ganz im Gegenteil. Gemeinschaft und Teamwork sind ihnen wichtig. Aber sie wollen auch, dass ihr individueller Beitrag gesehen und gewürdigt wird.

Im Grunde genommen geht es der Generation Y wie allen anderen Menschen darum, herauszufinden, wer sie sind und wo ihre Qualitäten als Individuum liegen. Viele in der Generation Y haben nie gelernt, wer sie wirklich sind. Wer dauernd gesagt bekommt, dass er ein einmaliges Wunderkind ist, der versucht unweigerlich, diesem Anspruch gerecht zu werden – und hat es schwer, eine eigene Identität zu entwickeln. Nicht nur die Helikopter-Eltern, auch Facebook & Co. spielen hier eine ganz entscheidende Rolle.

YOLO und FOMO

You only live once (YOLO) ist das Memento Mori der Generation Y. Es gilt, das Beste aus seinem Leben zu machen. Jeden Tag. Das ist Stress, denn: was ist das Beste? Über Facebook, Instagram und Co. bekommt die Generation Y von Freunden und Bekannten ständig Glanzbilder vorgehalten, wie deren erfolgreiches Privat- und Berufsleben aussieht. Das ist etwas anderes als die Bilder aus der Rama-Werbung, mit der die Generation X aufgewachsen ist. An die hat ohnehin keiner wirklich geglaubt, auch wenn ihnen natürlich, eher unbewusst, eifrig nachgeeifert wurde. Aber die vermeintliche Authentizität der Bilder und Posts in den sozialen Medien schafft einen ganz anderen Anspruch.[13]

Und produziert ganz andere Ängste, vor allem die Angst, etwas zu verpassen: Fear Of Missing Out – FOMO. Facebook Timelines sind eine Aneinanderreihung von Highlights aus dem Leben der anderen. Denn wer erzählt im Netz schon von Misserfolgen, Niederlagen, Ängsten, es sei denn, er hat sie bereits erfolgreich überwunden? Likes gibt es für Erfolgstories, für perfekte Momente, vielleicht noch für komische Missgeschicke, aber nicht für Fehler, Zweifel, Probleme. So sozial sind die sozialen Medien dann auch wieder nicht. Das Soziale an ihnen ist die Resonanz. Die Reaktion der anderen auf die Darstellung des Selbst. Das heißt aber auch, dass das eigene Leben kontinuierlich auf Darstellbarkeit und Resonanz in den sozialen Medien überprüft wird.

Der ständige Blick auf andere und ihre vermeintlich erfolgreichen Leben macht es schwer, Entscheidungen zu treffen. Private und berufliche. Die Tatsache, dass der Generation Y so viele Möglichkeiten offenstehen wie wohl keiner Generation zuvor, macht das natürlich nicht leichter. Die Generation Y reagiert damit zum einen durch Passivität. Sie warten einfach darauf, dass etwas passiert. Sie laden ihre Profile bei Partner- und Jobbörsen hoch, um entdeckt zu werden. Vom perfekten Partner und von einem Arbeitgeber, der ihre Einzigartigkeit erkennt und sie damit auf eben diesen herausragenden Lebensweg voller Highlights bringt, den sie sich erwarten. Eine andere Reaktion ist

---

[13] Vgl. Adam Fletcher „Wir können auch anders", S. 64 ff

der Rückgriff auf Bewährtes. Was für andere funktioniert hat, wird wohl auch für mich funktionieren. Erfahrungen und Empfehlungen von (Facebook-) Freunden, Bekannten und Verwandten sind gerade bei Berufswahl und Entscheidungen für oder gegen einen Arbeitgeber sehr zentrale Einflussfaktoren. Trotz schier unendlicher Informationsmöglichkeiten, die es im Netz in Sachen Ausbildung, Beruf und Studium gibt, wissen die Generationen Y und Z erstaunlich wenig darüber. Von den 328 Ausbildungsberufen[14] und 18.044 Studiengängen,[15] die es in Deutschland gibt, kennen sie im besten Fall vielleicht ein Drittel. Und von diesem Drittel wird ein guter Teil als unattraktiv wahrgenommen. Ähnlich verhält es sich mit möglichen Arbeitgebern. Im sogenannten „relevant Set" der meisten sind nur die „Großen", die man aus der Produktwelt kennt. Oder jene, bei denen Verwandte und Bekannte angestellt sind. Kurz: Das, was aus Erzählungen und Empfehlungen bekannt ist.

Genau hier ist einer der Hebel, an denen man ansetzen kann, um den Nachwuchs für sich zu gewinnen: Empfehlungen. Die Generation Y ist es spätestens von der Urlaubsplanung her gewohnt, sich vor jeder Entscheidung unterschiedliche Stimmen einzuholen. Wenn genügend Leute im Netz oder auf der Straße davon reden, dass es gut ist, bei einem Unternehmen, in einem Team oder einem bestimmten Beruf zu arbeiten und warum, erhöht das Ihre Chancen, wahrgenommen zu werden ungemein. Kununu, glassdoor und firstbird als Arbeitgeberbewertungsportale sind dabei ein Thema, aber auch mit Vorsicht zu genießen.

Ein anderer, wohl noch viel wichtigerer Hebel liegt darin, sich klar zu machen, dass eine Entscheidung für einen Beruf, für einen Arbeitgeber immer auch eine Entscheidung gegen einen anderen ist. Was liegt also näher, die Menschen in ihrer Entscheidung zu bestätigen. Durch Wertschätzung. Indem Sie Ihren Mitarbeitern nicht nur beim Einstellungsgespräch, sondern auch im Arbeits- oder Ausbildungsalltag immer wieder zeigen, dass sie die richtige Entscheidung getroffen haben. Weil Sie sie als Persönlichkeit schätzen und den ganz individuellen Beitrag, den sie leisten zu würdigen wissen. Weil Sie sie dabei unterstützen, ihren Berufs- und Lebensweg so zu gestalten, dass es zu ihnen passt. Kurz, indem Sie ihnen die Resonanz geben, die sie auch in den sozialen Medien suchen, um ihre Identität zu finden und zu stärken. Damit gewinnen Sie eine ganze Menge. Zum einen verhindern Sie, dass Ihre Mitarbeiter sich kontinuierlich nach dem nächsten, vermeintlich attraktiveren Arbeitgeber umschauen, weil sie das Gefühl haben, die falsche Entscheidung getroffen haben. Und der nächste Job ist heute, wie es Henner Knabenreich[16] in seinem Blog nicht müde wird zu erwähnen, „nur einen Klick entfernt". Zum anderen, und das ist wohl noch entscheidender, gewinnen Sie selbstbewusste Mitarbeiter, die sich etwas zutrauen – und damit kreativer, begeisterungsfähiger und engagierter sind als solche, die an sich und ihrer Entscheidung zweifeln.

---

[14] Vgl. BIBB.de „Die anerkannten Ausbildungsberufe"

[15] Vgl. Statistiken zur Hochschulpolitik auf Hrk.de

[16] Autor des Blogs „personalmarketing2null"

Digital Natives und Innovationsgeist

Ja, die Generation Y ist mit PC und Handy aufgewachsen und findet sich in der digitalen Welt so gut zurecht wie einst der Steinzeitmensch in seiner Höhle. Aber die Digital Natives sind weit mehr als Computerexperten, die erklären können, wie dieses Facebook funktioniert, wie man an Big Data herankommt oder wie man einen Chatbot programmiert. Leider beschränken sich eigentlich gute Reverse Mentoring-Ansätze oftmals genau darauf: Zusammenstellung von Teams aus älteren Mitarbeitern und Generation Y-Kollegen zum Informationstransfer von digitalen Technologien. Der Fokus liegt auf den Technologien. Die Welt, die Sprache, die Strukturen und die Werte, die dazugehören, werden konsequent ignoriert. Und dann wundern sich alle, warum kaum einer die Facebook-Seite des Unternehmens liked, warum das „digital Onboarding" eben kein voller Erfolg, sondern ein ziemlicher Flop ist und wie es kommt, dass zwar eine enorme Datensammlung, aber kaum aussagefähige Ergebnisse zustande kommen, dafür aber eine Belegschaft, die sich dauerüberwacht fühlt.

Wer glaubt, ein Smartphone sei nichts anderes als ein PC im Taschenformat oder Snapchat nur das neue Facebook, hat nicht verstanden, welches Veränderungspotenzial neue digitale Hard- und Softwarekomponenten haben. Die Digital Natives wissen, dass jede digitale Neuerung ihre Sprache und ihr soziales Leben radikal verändern kann. Kaum hatten sie in StudiVZ und SchülerVZ so etwas wie ihr digitales Zuhause gefunden, wurde es auch schon wieder abgerissen. Kaum hatten sie es sich in Internetcafés gemütlich gemacht, verschwanden diese wieder von der Bildfläche, weil sie durch WLAN und Smartphones überflüssig wurden. Digital Natives haben keine Angst vor solchen Veränderungen. Im Gegenteil: Sie sind neugierig, experimentierfreudig und lieben es, die Grenzen und Möglichkeiten von Neuerungen zu erkunden. Das gilt für digitale und technologische Updates ebenso wie für neue Arbeitsformen und Geschäftsmodelle. Wertvolle Eigenschaften, wenn es für Unternehmen darum geht, sich in der globalen Weltwirtschaft und in einer Welt disruptiver Entwicklungen zu behaupten.[17]

Digital Nativeness auf rein technologische Aspekte zu beschränken, greift also zu kurz. Wer von Innovationsgeist der Generation Y profitieren will, sollte bereit sein, sich zumindest teilweise von alten Strukturen und Mustern zu verabschieden und *gemeinsam* mit den Natives eine Arbeits- und Unternehmens-Kultur zu schaffen, die Innovation möglich macht. Das erfordert Mut, die Bereitschaft, auch Rückschläge hinzunehmen und Vertrauen in die Mitarbeiter. Unternehmen, Teams und Abteilungen, die peinlich darauf bedacht sind, Fehler auf jeden Fall zu vermeiden, bei denen ein Wert nur dann einer ist, wenn er sofort in Euro messbar ist, werden aus engagierten und ideenreichen Digital Natives innerhalb kürzester Zeit bestenfalls auf Linie getrimmte Mitarbeiter machen oder den eben neu gewonnenen High Potential schnell wieder verlieren. Beides ist ein herber Verlust – in menschlicher und in wirtschaftlicher Hinsicht.

---

[17] Vgl. Dark Horse, Kapitel: Ordnung und frühes Leid

Die Generation Praktikum

Spätestens seit 9/11 und der Lehman-Krise ist der Generation Y klar, dass ihre Zukunft unsicher ist, weil sich die globalisierte Welt immer schneller dreht. Die Formel „Arbeiten, um zu leben" gilt für sie nicht mehr. Kein Arbeitgeber der Welt kann ihnen lebenslange Sicherheit versprechen. Nicht nur die Rente, auch die Arbeitsverhältnisse sind für sie unsicherer denn je. Berufsbilder, die heute extrem nachgefragt sind, gibt es vielleicht in ein paar Jahren gar nicht mehr oder in einer völlig veränderten Form. Ihre Karriere wird sich nicht selten aus einer Aneinanderreihung von Praktika und befristeten Verträgen zusammensetzen. Kein Wunder also, dass diese Generation Praktikum in der Arbeit etwas anderes sucht als nur Geld. Das natürlich auch, aber nicht um jeden Preis.

Vorangegangene Generationen waren noch weitgehend bereit, sich für ein angemessenes Schmerzensgeld und entsprechende Statussymbole (schicker Titel auf der Visitenkarte, ein Firmenwagen o. ä.) durch freudlose Jobs in einem wenig wertschätzenden Arbeitsumfeld zu quälen. Die Generation Y ist das nicht mehr. Sie hat erkannt, dass „Erleben mehr Zufriedenheit erzeugt als Haben".[18] Das zeigt sich auch in ihrem Konsumverhalten. Selbermachen statt etwas von der Stange kaufen, teilen statt das eigene Auto in der Garage stehen zu lassen, bei anderen Menschen auf der Couch schlafen statt im 5-Sterne-Ressort … Die Generation Y hat andere Werte, setzt andere Prioritäten als die Generation X.

Generation Biedermeier

Das Vertrauen in Freunde und Familie gibt der Generation Y die Sicherheit und die Orientierung, die ihnen die globalisierte (Arbeits-) Welt nicht bieten kann. Sie suchen überschaubare Verhältnisse. Das macht auch und gerade den Mittelstand für sie zunehmend attraktiver. Natürlich irritiert es, wenn Vertreter der Generation Y gleich im ersten Gespräch nach Sabbaticals, Teilzeit- und Homeoffice-Möglichkeiten fragen, oder eine Beförderung ausschlagen, weil diese mit einem Umzug verbunden wäre. Aber es heißt nicht notwendigerweise, dass sie übermäßig freizeitorientiert, unambitioniert und unflexibel sind.

Arbeit ist für sie nicht nur ein Job, sondern Teil ihrer Persönlichkeit. Es geht ihnen nicht um Status, Prestige und Macht. Auch nicht (nur) um ein geregeltes Einkommen, einen pünktlichen Feierabend und einen möglichst langen Jahresurlaub. Sie wollen ihre Fähigkeiten sinnvoll einsetzen und weiterentwickeln. Gleichzeitig haben sie viele gute Gründe dafür, ihre Lebensträume nicht auf ein unsicheres Später zu verschieben.

Die Generation Y versucht, in Balance zu leben, die Polarität zwischen Arbeits- und Privatleben, Berufs- und Freizeitpersönlichkeit zu überwinden, um sich selbst zu verwirklichen. Und nein, sie haben bei alldem nicht ausschließlich sich selbst im Blick, sondern auch die Welt, in der sie leben.

Die Zugehörigen der Generation Y sind längst nicht so unpolitisch, wie vielfach geschrieben wird. Sie sind „idealistische Pragmatiker".[19] Sie wissen, dass die Weltprobleme zu

---

[18] Vgl. Kerstin Bund et al. 2013: „Generation Y: Wollen die auch arbeiten?" Auf Zeit.de
[19] Dark Horse, Kapitel: Ordnung und frühes Leid

komplex sind, um sie allein zu lösen. Aber sie wissen auch, dass irgendwo ein Anfang gesetzt werden muss. Und genau das tun sie. Dass sie dabei bisweilen völlig andere Prioritäten setzen als die Generationen, die ihnen diese Probleme mit eingebrockt haben, ist ihr gutes Recht.[20]

Nachhaltigkeit und Sinnstiftung sind für sie eine zentrale Währung, in der sie auch von ihrem Arbeitgeber bezahlt werden wollen. Wer ihnen das bieten kann, gewinnt Mitarbeiter, die keinen nine to five-Job machen, sondern sich mit Herz und Verstand für ihr Unternehmen engagieren.

Natürlich ist nicht jedes Unternehmen eine NGO. Aber auch eine Gießerei, die Leichtbauteile für den Fahrzeugbau produziert, kann das Thema Nachhaltigkeit für sich verbuchen. Schließlich werden Fahrzeuge durch ihre Produkte leichter und helfen damit Emissionen zu sparen. Wenn die Mitarbeiter zudem noch wissen, dass in der Produktion zu 100 % mit recycelten Metallen und der Abwärme-Energie aus einer benachbarten Papierfabrik gearbeitet wird, macht das aus einem vermeintlich schmutzigen Unternehmen ein verantwortungsvolles. Auch ein Hersteller von Automationstechnik, der Schüler aus einer nahegelegenen Förderschule fest in seinen Produktionsalltag integriert, kann bei der Generation Y punkten. Tue Gutes und rede darüber – das kann Ihnen im *war for talents* einen echten Vorteil verschaffen. Aber Vorsicht: Sie müssen es ernst meinen. Die Generation Y hat sehr feine Antennen. Authentizität ist für sie ein zentraler Wert – wenn sie also das Gefühl hat, hier wird etwas verkauft, das nur wenig Substanz hat, also „Green- beziehungsweise Socialwashing" betrieben wird, sind sie im Zweifelsfall ziemlich gut darin, einen wirkungsvollen Shitstorm loszutreten.

Die Generation Why
Ja, sie haben ein Autoritätsproblem! Die Generation Y ist sich darüber bewusst, dass die Zukunft unsicher ist. Aber es ist ihre und die wollen sie –zurecht – soweit wie möglich mitgestalten. Deshalb stellen sie sich und die Welt immer wieder in Frage. Dabei machen sie auch vor Autoritäten, Unternehmenszielen, internen Prozessen und Management-Entscheidungen nicht halt. Warum auch?

Wissen ist Macht. Wer sich einmal auf seinem Gebiet zu einem Experten entwickelt und eine bestimmte Position erreicht hat, weiß Bescheid und hat – qua Wissensüberlegenheit – Autorität.[21] So dachte und denkt man heute noch in vielen Unternehmen. Im Informationszeitalter verliert dieser Ansatz jedoch zunehmend an Gültigkeit. Die Halbwertszeit von Wissen sinkt. Das Wissen der Menschheit verdoppelt sich in immer kürzeren Zyklen – aktuell etwa alle fünf bis zwölf Jahre.[22] Dazu kommen disruptive Entwicklungen, die uns vor immer neue, immer komplexere Herausforderungen stellen.

Die Generation Why hat nicht nur gelernt, damit zu leben und darauf zu reagieren – sie hat sogar Spaß daran, sich selbst und ihr Handeln immer wieder in Frage zu stellen und neu zu denken. Aber genau das erwartet sie auch von anderen. Sie hat ein Problem mit

---

[20] Vgl. Sascha Lobo „Schluss mit der Jugendschelte" auf Spiegel.de (03.08.2016))
[21] Dark Horse, Kapitel: Wissensarbeit im Zeitalter ihrer digitalen Reproduzierbarkeit
[22] Wikipediaeintrag „Informationsexplosion"

Autoritäten, die sich nur aus einem Organigramm ergeben und sie hat nur wenig Verständnis für langatmige Formalitäten und Dienstwege, wenn sie nicht nachvollziehen kann, wozu sie gut sind. Wissen zu teilen ist für sie selbstverständlich. Sich mit anderen zu vernetzen und sich über Team-, Abteilungs- und Organisationsgrenzen hinaus auszutauschen ebenso. Sie will Dinge vorantreiben und sich nicht in kleinteiligen Prozessen verlieren.

Das ist angesichts der Komplexität der Probleme und des hohen Tempos der Veränderungen, mit denen Unternehmen heute konfrontiert sind, äußerst sinnvoll. Aber es erfordert Mut, auch dieses freie Vernetzen in der Arbeitswelt zuzulassen. Denn Netzwerke entwickeln ganz eigene Dynamiken und sind – wenn überhaupt – viel schwerer zu kontrollieren, als die heute vorherrschenden, konsequent voneinander abgegrenzten Silostrukturen mit klar definierten Schnittstellen, in denen sich Abteilungs- und Bereichsleiter in einem festgelegten Turnus in bestimmten Gremien zusammenfinden.

Was heißt das für Sie als Unternehmer/Führungskraft? Alle Strukturen über Bord werfen und die Generation Y einfach machen lassen? Natürlich nicht. Aber Sie sollten möglichst jedes Why hören und eine bessere Antwort darauf haben als „das wird hier eben so gemacht." Und wenn Ihnen keine wirklich plausible Erklärung einfällt, lohnt es sich, gemeinsam darüber nachzudenken, wie man es besser, sinnvoller machen könnte. Sie verlieren nicht an Autorität, wenn Sie Ihre Mitarbeiter dabei unterstützen, Ideen weiterzuentwickeln, die nicht Ihre eigenen sind. Ganz im Gegenteil.

Die Whys sind mehr als bereit, Verantwortung zu übernehmen, wenn man sie lässt. Wer in Netzwerken statt in Silos denkt und arbeitet, kann sich nicht hinter anderen verstecken, nicht einfach Entscheidungen und unangenehme Situationen nach oben delegieren – was natürlich nicht heißt, dass Sie als Führungskraft in solchen Situationen nicht gefragt sind. Aber eben nicht als derjenige, der seine Mitarbeiter qua „Ordered By Mufti" aus der Verantwortung nimmt, sondern vielmehr als *Enabler*, also derjenige, der ihnen die Unterstützung gibt, die sie brauchen, um selbst damit klarzukommen. Davon profitieren Sie gleich in doppelter Hinsicht: Ihre Mitarbeiter wachsen durch solche Situationen. Und zum anderen: wer aktiv an der Entwicklung von Ideen und Entscheidungen beteiligt ist, engagiert sich dafür, dass Sie den gewünschten Erfolg haben, statt im Flur herum zu funken, was für einen Unsinn „die da oben" mal wieder von einem erwarten.

Generation Weichei?

Wie wohl alle Generationen vor ihr, muss sich auch die Generation Y anhören, sie sei faul, desinteressiert, verwöhnt, egoistisch und vergnügungssüchtig. Und wie bei allen anderen Generationen vor ihr ist das natürlich nicht wahr. Sie haben im Durchschnitt höhere Bildungsabschlüsse als die Generationen vor ihnen – Auslandsaufenthalte und Praktika vielfach inklusive. Sie sind neugierig und wissbegierig und es ist ihnen ist es egal, ob jemand ein Mann, eine Frau oder ein Einhorn ist – Gleichberechtigung ist für sie etwas Selbstverständliches. Sie sind Kinder ihrer Zeit und sie wollen die Welt verändern, lieber heute als morgen. Auch die Arbeitswelt. Ist das wirklich so verkehrt?

2.3.3 Was wollen die eigentlich alle?

Ob Generation X, Y oder Z, Hund, Katze oder Maus – wohl alle Lebewesen streben danach:

- Dinge zu vermeiden, die ihnen keinen Spaß machen.
- Dinge zu vermeiden, die für sie keinen Sinn erkennen lassen.

Ihre Kollegen wollen wissen,

- Was sie tun können.
- Das heißt, welchen Beitrag sie mit ihren ganz eigenen Talenten und ihren Fähigkeiten leisten können – zum Gelingen eines Projekts und für das Unternehmen.
- Was sie dafür bekommen, wenn sie sich für das Team/das Unternehmen engagieren. Dabei geht es natürlich auch um Geld und Gratifikation. Aber nicht nur. Das Gefühl, etwas Sinnvolles zu tun und einen Beitrag dazu zu leisten, dass die Welt ein bisschen besser wird, spielt hier eine nicht zu unterschätzende Rolle.
- Warum sie das, was sie tun, gerne machen.

Die Antwort darauf muss schlussendlich jeder Ihrer Mitarbeiter für sich finden. Aber ein angenehmes, wertschätzendes Arbeitsumfeld, das auf individuelle Bedürfnisse Rücksicht nimmt, Möglichkeiten, sich fachlich und persönlich weiter zu entwickeln und Aufgaben, die den Einzelnen weder über- noch unterfordern sind ein guter Anfang.

Kurz gesagt: Es geht ihnen um Wertschätzung und Sinn – beides finden viel zu viele (noch) nicht bei der Arbeit. Lassen Sie uns das ändern!

Für den Hinterkopf

- Machen Sie sich klar, dass Mitarbeiter ein wertvolles, weil immer knapperes Gut sind. Dass Sie sich als Chef/Unternehmen bei Ihren Mitarbeitern bewerben, jeden Tag neu – weil der nächste Arbeitgeber nur einen Klick entfernt ist.
- Nehmen Sie Ihre potenziellen und bestehenden Mitarbeiter als Menschen und Individuen mit ihren ganz eigenen Bedürfnissen und nicht als Ressource oder Zielgruppe wahr.
- Betrachten Sie Gehälter als Personal*investitionen*, nicht als Kosten.
- Lassen Sie Diversität zu. Sie arbeiten mit Menschen mehrerer Generationen zusammen, mit Männern und Frauen, die ihre eigenen Geschichten, Erfahrungen, Orientierungen und vielleicht Kulturen mitbringen. Das ist eine Bereicherung! Aber nur dann, wenn Sie den anderen auf Augenhöhe begegnen.

> - Versuchen Sie nicht, Wünsche zu antizipieren und Angebote über die Köpfe Ihrer Mitarbeiter hinweg zu entwickeln, sondern fragen Sie nach, und entwickeln Sie gemeinsam mit ihnen Wege und Lösungen, die für beide ein Gewinn sind – für Ihr Team/Ihr Unternehmen und den Einzelnen.
> - Bleiben Sie authentisch. Denn nur so finden Sie die Mitarbeiter, die zu Ihnen passen.
>
> Wie das geht? – Ein paar Ansätze finden Sie auf den folgenden Seiten.

2.4   Veränderung liegt in der Luft

Festhalten an einem Status Quo, Beibehalten von vermeintlicher Sicherheit und langfristiger Planbarkeit, davon müssen wir uns verabschieden. Denn wir befinden uns wohl gerade mitten in einem fundamentaleren und umfassenderen Umbruch. Ein Umbruch, dem sich auch Unternehmen nicht entziehen können, wenn sie a) erfolgreich und b) ihrer gesellschaftlichen Verantwortung gerecht werden wollen. Dieser Umbruch verlangt vor allem, den Blick zu weiten und über eigene Profitmaximierung hinaus zu denken und zu handeln.

C.O. Scharmer, ein namhafter Aktionsforscher, der uns für dieses Buch an verschiedenen Stellen inspiriert hat, demonstriert die Notwendigkeit des Umbruchs anhand von drei zentralen Spannungsfeldern, in denen wir heute leben: den drei *divides* und den Zahlen „1,5; 2,5 und 3".[23] Was sich dahinter verbirgt, ist folgendes:

- Wir verbrauchen **1,5** mal so viele Ressourcen, wie die Erde an erneuerbaren Ressourcen zur Verfügung stellen kann (*ecological divide*; Spaltung Mensch-Natur)
- Nach wie vor befinden sich **2,5** Mrd. Menschen unterhalb der Armutsgrenze, während anderswo der Wohlstand steigt und steigt (*social divide*; Spaltung Mensch-Mensch)
- **3** mal mehr Menschen begehen Selbstmord als Folge einer Depression als dass Menschen auf natürlichem Weg oder aufgrund von Kriegen oder Naturkatastrophen ums Leben kommen. Als Grund dafür führt Scharmer die Trennung zwischen „Ich" und „Selbst" auf – schlicht, dass der Mensch an seinem eigentlichen Leben vorbeilebt (*spiritual divide*; Spaltung Mensch-Selbst).

Einfach so weiterwirtschaften wie bisher? Das funktioniert vor diesem Hintergrund nicht mehr, denn die Belastbarkeitsgrenze unserer ökonomischen und ökologischen Systeme, aber auch die einer wachsenden Anzahl von Menschen ist erreicht, wenn nicht gar überschritten. Es gilt also, sich der Verantwortung zu stellen und als *Changemaker* (Scharmer) neue Schritte zu wagen.

---

[23] Vgl. Scharmer (2014): „from Ego-System to Eco-System Economies" auf youtube.de

Das ist sicher kein Pappenstiel. Wir sind jedoch überzeugt davon, dass sich Unternehmen, die sich ernsthaft darum bemühen, Antworten auf diese Herausforderungen zu finden, zu einem *wertvollen Arbeitgeber* mausern werden und dadurch langfristig erfolgreiche Schrittmacher – und nicht nur Wettbewerber – im war for talents und bei der Positionierung in ihrem Marktsegment werden.

Die große Frage ist: WAS TUN? Wir sehen, dass sich immer mehr Führungskräfte diese Frage stellen, verschiedenste Dinge ausprobieren, einen Change initiieren und (kleine) Fortschritte machen. Viele jedoch resignieren – und die Suche nach Lösungen geht weiter. Schließlich weiß keiner so genau, wo es überhaupt hingehen soll.

Wir bekommen langsam eine leise Ahnung von einer Idee, wie ein möglicher Weg aussehen könnte. Nach intensivem Beobachten, Fragen, Lesen, Diskutieren, Ausprobieren, Irren, Üben, Herzblut investieren, usw. sind wir mittendrin und immer noch dabei, uns den großen Fragezeichen anzunähern und herauszufinden, welche Schritte es sind, die es sich zu gehen lohnt und die in eine richtige Richtung führen.

Die Zusammenführung unserer Ideen, Erkenntnisse und Erfahrungen mit denen von anderen Menschen, die Ähnliches denken, möchten wir mit Ihnen teilen. Das, was gerade am Entstehen ist und auf uns zukommt, ist für alle neu, und es geht wohl jetzt um kontinuierliche Entwicklung. Wir glauben an gelingenden Change, aber es wird eine lange, vermutlich lebenslange, Generationen überdauernde, wohl niemals endende Reise sein. Schlechte Nachrichten also für diejenigen, die gehofft haben, in dieser Lektüre die ultimative Lösung zu finden, mit der Sie ab morgen Ihren Arbeitsalltag einmal rundumerneuern können. Aber wenn Sie neugierig und bereit sind, einen Weg mit unbekanntem Ausgang zu gehen, wenn Sie sich auch über kleine Fortschritte freuen können, dann lohnt es sich weiterzulesen und zu prüfen, ob der ein oder andere der folgenden Gedanken für Sie passt.

Wertvoller Arbeitgeber werden – was heißt das eigentlich?

3

VUCA und die (Er-)Lebenswelten der Menschen im arbeitsfähigen Alter lassen keinen Zweifel daran: Es gibt dringenden Bedarf und die Notwendigkeit, Unternehmen und Arbeitsumfelder neu zu denken. Um sie in die Lage zu versetzen, auf den Wellen zu surfen und vor allem, um die Werktage für alle lebenswerter zu machen. Wir glauben, dass das zukünftig den großen Unterschied machen wird. Denn grundsätzlich wollen wir Menschen ja arbeiten – künftig sollte es dabei aber nicht mehr (nur) ums Geld gehen.

3.1 Unser Bild von Arbeitswelt und Unternehmertum

3.1.1 Wo soll es hingehen und warum?

Auch die längste Reise beginnt … nein, nicht mit dem vielzitierten ersten Schritt, sondern mit einer Standortbestimmung. Erst, wenn Sie wissen, wo Sie herkommen und wo Sie stehen, können Sie überlegen, wo Sie hinwollen. Und wenn Sie dann den Weg als Ihr Ziel definieren – bestens. Hauptsache, Sie stürmen nicht einfach blindlings einem vermeintlichen Trend hinterher und wissen gar nicht warum. Also: Was prägt unsere Arbeitswelt heute, warum und was wollen wir (und Sie hoffentlich auch) verändern?

Werfen wir zunächst einen Blick darauf, wie wir dahin gekommen sind, wo wir heute stehen. Die folgende, an Scharmer orientierte Grafik, zeigt – stark vereinfacht – Grundzüge der Entwicklung von der Selbstversorger-Wirtschaft über unser aktuelles Modell der Sozialen Marktwirtschaft bis hin zu einem Ausblick darauf, wo es seiner Ansicht und ersten Anzeichen nach hingehen sollte[1] – der Co-Kreativen oder Co-Schöpferischen Entwicklungsstufe (siehe Abb. 3.1).

---

[1] Vgl. Presencing Institute: „Economic Evolution" auf www.presencing.com

© Springer Fachmedien Wiesbaden GmbH 2018
K. Eissfeldt, C. Jaeger, *So wird Ihr Unternehmen zum wertvollen Arbeitgeber*,
https://doi.org/10.1007/978-3-658-15549-0_3

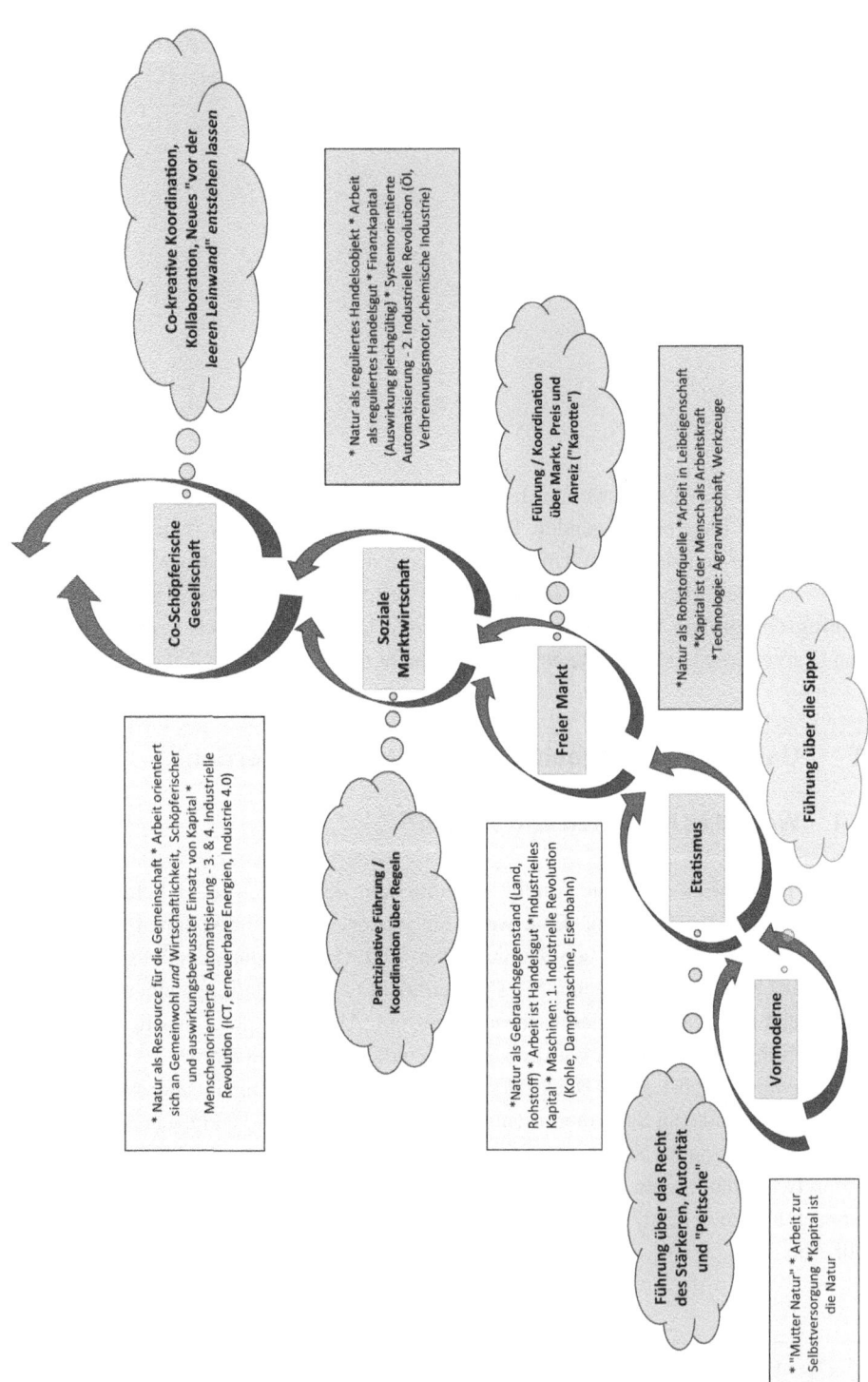

Abb. 3.1 vgl. Presencing Institute: „Economic Evolution" auf www.presencing.com

Was für das Wirtschaftssystem im Ganzen gilt, gilt auch für einzelne Organisationssysteme: Sie sind, wie Fréderic Laloux, es formuliert, der Ausdruck unseres aktuellen Weltbildes, unseres aktuellen Entwicklungsstandes. Für alle, die es genauer wissen wollen: Fréderic Laloux geht in seinem Buch „Reinventing Organisations", das in Punkto Transformation eines Unternehmens wohl derzeit meistzitierte Werk, ausführlich auf die unterschiedlichen Organisationsformen ein. Auch wenn er sie etwas anders aufteilt und betitelt als Scharmer und sie zur besseren Unterscheidung mit Farben belegt,[2] die Erkenntnis bleibt die gleiche: Organisationen, denen es gelingt, sich von alten Handlungs- und Denkmustern zu befreien, sich weiterzuentwickeln, werden über kurz oder lang die erfolgreicheren sein. Gleichzeitig macht Laloux aber auch deutlich, dass dieser Wandel nicht von heute auf morgen zu vollziehen, sondern vielmehr ein evolutionärer Prozess ist. Es ist völlig normal, dass sich unterschiedliche Bereiche/Teams/Abteilungen, also die Menschen innerhalb einer Organisation, in unterschiedlichen Entwicklungsstadien befinden. Schließlich kann, so Laloux, niemand einen anderen dazu zwingen, sein Weltbild zu ändern – auch die besten Führungskräfte, Coaches und Consultants nicht. Sie können nur Umfelder schaffen, in denen genau das möglich wird. Und, auch das hält Laloux fest: Eine Organisation kann sich nicht über das Entwicklungsstadium ihrer Führungskräfte hinaus entwickeln. Also: Sie sind gefragt!

Das findet auch C.O. Scharmer. Er bemerkt, dass wir zwar ganz viel darüber wissen, was Führungskräfte tun und wie sie es tun, jedoch nicht „aus welcher Quelle heraus"[3] sie es tun. Unter Quelle versteht Scharmer den inneren Ort des Menschen, aus dem sein Handeln entspringt – den sogenannten *Blinden Fleck*. Ergo: Je mehr dieser blinde Fleck gelichtet wird, desto höher das erreichbare Entwicklungsstadium. Dafür fordert Scharmer auf, unserer eigenen Aufmerksamkeit mehr Aufmerksamkeit zu widmen – also uns selbst auf die Spur zu kommen. Was damit genau gemeint ist und wie das gehen kann, damit beschäftigen wir uns zu einem späteren Zeitpunkt.

Mit dem Blick auf, das, wohin die Reise gehen soll, fassen wir – mit Bezug auf die VUCA-Gedanken von Bob Johansen – zusammen:

- Von Effizienz zu Nachhaltigkeit (wobei wir Nachhaltigkeit als weitergedachte Effizienz und nicht als das Gegenteil davon verstehen)
- Von Profit-Fokussierung zu Sinnhaftigkeit (damit ist nicht die vollständige Abkehr von wirtschaftlichem Denken gemeint)
- Von (zerstörerischem) Wettbewerb zu einem konstruktiven Miteinander (das durchaus Kritik verträgt und einen gewissen Leistungsanspruch hat)

---

[2] Wie es vor ihm Ken Wilber mit den Stufen der Bewusstseinsentwicklung bzw. Clare Graves mit dem Modell „Spiral Dynamics" getan haben. Alle Modelle einzeln zu differenzieren ist komplex, kann durch Reduktion deren Inhalte ihrer Bedeutung nicht gerecht werden und sprengt hier unseren Rahmen.

[3] Vgl. Scharmer, C.O.: Theorie U – von der Zukunft her führen (2014), S. 229

- Von linearen Zielen zu einer visionären Ausrichtung (was nichts mit Luftschlössern zu tun hat, sondern damit, Chancen und zu erkennen und zu ergreifen, wenn sie sich bieten)
- Von Form & Funktion zu Werteorientierung (auch dieser Punkt zielt darauf, aus vermeintlich starren Korsetts auszubrechen und den Blick zu weiten)

3.1.2 Wunsch und Wirklichkeit

Bestimmt werden Sie uns – wie die meisten – in folgenden Zielsetzungen bzw. (Wunsch-) Gedanken zustimmen:

- Wir wollen ein sicherer Arbeitgeber sein, der das finanzielle Auskommen der Mitarbeiter gewährleistet.
- Unsere Unternehmens-/Teamkultur soll offen, angstfrei und optimistisch sein.
- Wir möchten flexibel aufgestellt sein, um auf Veränderungen, die von außen kommen, schnell zu reagieren.
- Jeder in unserem Team/Unternehmen soll mit sinnvollen Aufgaben betraut sein und wissen, wofür das, was er tut, gut ist.
- Wir wollen auf die körperliche und seelische Gesundheit aller Kollegen achten und es ihnen ermöglichen, ihre unterschiedlichen Lebensbereiche so in Einklang zu bringen, wie es am besten zu ihrer aktuellen Situation passt.
- Bei uns soll jeder Verantwortung übernehmen – so viel er kann und will, in einem Rahmen, den wir gemeinsam und ganz individuell definieren.
- Wir wollen kein „top-Down", keinen autoritären, kontrollgetriebenen Führungsstil – unsere Führungskräfte sollen Enabler, sein, die andere aktiv dabei unterstützen, erfolgreich zu sein, sie dazu befähigen, ihre Potenziale voll zu entfalten.
- Wir wollen unsere Aktivitäten stärker mit Natur und Umwelt in Einklang bringen und mehr zur gesamtgesellschaftlichen Gerechtigkeit beitragen.

Hierzu gibt es ganz viel Zustimmung, oder auch verklärte Blicke und dann hören wir mit tiefen Seufzern immer wieder: „Ja, ABER … "

Gleichzeitig sehen wir inzwischen tatsächlich eine wachsende Anzahl an Unternehmen, die allen ABERs zum Trotz genau an diesen Punkten intensiv arbeiten – mit Erfolg. Besonders seit der Finanzkrise 2008/2009 werden zumindest auf dem Papier sehr viel häufiger Unternehmensziele verabschiedet und kommuniziert, die über die reine Profitmaximierung hinausgehen. Bestrebungen nach Change im Unternehmen sind bei vielen Führungsteams zentrale Punkte auf der Agenda. Es bilden sich Zirkel, Fokusgruppen, Expertenrunden, Change Agents etc.. Am grundsätzlichen Bewusstsein, dass für den zukünftigen Erfolg eines Unternehmens – und damit auch für eine Attraktivität als Arbeitgeber – etwas anders, etwas irgendwie ganz neu werden muss, mangelt es nicht. Die Themen Employer Branding und Employee Engagement werden in Büchern, Artikeln und Seminaren wieder und wieder durchgenommen – mal mit Frechmut, mal mit Einfalt. Allein, ein echter Durchbruch, ein nachhaltiger und erfolgreicher Change, der so richtig in der DNA des Unternehmens andockt, ist bisher nur einigen wenigen gelungen.[4] Und das ist auch nicht weiter verwunderlich – die aktuellen Herausforderungen scheinen etwas ganz Neues zu brauchen, wofür es noch wenige Vorbilder zur Orientierung gibt. Und auch bei denen, die bereits neue Wege gehen, geht noch einiges schief. Sehen wir uns aber erst einmal im Bereich „Standard" um.

3.1.3 Wenn es nur ums Geld geht, ist das zu wenig!

In den allermeisten Unternehmen wird zwar an der ein oder anderen – oder auch an vielen Stellen gleichzeitig – geschraubt. Nicht ohne Sinn und Verstand, aber nur selten bis ganz zu Ende gedacht, so dass die ganzheitlichen Lösungsansätze meist fehlen. Die Veränderungsbestrebungen werden vielfach als Kosmetik, Marketing oder Greenwashing, gedacht, spätestens von der zweiten Ebene als solches wahrgenommen – und deshalb entsprechend halbherzig umgesetzt oder vielmehr inszeniert. Zynismus in der Belegschaft über das, was im Unternehmen vor sich geht, inklusive.

Warum das so ist? Weil Unternehmenserfolge nach wie vor (fast) ausschließlich an finanziellen Ergebnissen gemessen werden. Der Fokus in Unternehmen, wie auch in der Gesamtwirtschaft, liegt auf permanentem Wachstum. Es geht um die Stellung im weltweiten Vergleich. Innovation soll für Expansion sorgen – und zwar nicht irgendwann, sondern so schnell wie möglich; deshalb ist auch echte Grundlagenentwicklung ein Luxus, den sich nur einige wenige Unternehmen leisten, aber das nur am Rande. Ganze Abteilungen und bereichsverantwortliche Führungskräfte investieren mehr Zeit in Planung und Controlling als in ihre Kunden, ihre Mitarbeiter und in die Weiterentwicklung ihres eigentlichen Fachbereichs. Auf der Basis von (immer mehr und noch mehr) Daten planen sie im stillen Kämmerlein die nächsten Schritte. Anhand von Organigrammen mit überwiegend hierarchischen (Silo-)Strukturen, die vielfach ohne Verständnis für und Rücksicht auf die Auswirkungen auf den Arbeitsalltag der betroffenen Bereiche immer wieder verändert werden, werden Aufgaben zur Erreichung von Zielen, die häufig nur wenigen bekannt und gerne auch mal volatil sind, verteilt, zugeordnet und weitergegeben. Wie soll sich da noch jemand mit seiner Aufgabe identifizieren? Zumal diese Veränderungen selten ein Job Enrichment, dafür aber eigentlich immer eine Arbeitsverdichtung und noch mehr Druck bedeuten.

Mehrere Studien belegen, dass die Arbeitszufriedenheit in den letzten Jahren immer weiter abgenommen hat. Die Gründe dafür liegen vor allem in der zunehmenden Arbeitsbelastung,

---

[4] Es gibt sie, die Ausnahmen, und sie werden mehr. Modellcharakter haben beispielsweise: der Waschmittelhersteller Sonett, die IT Unternehmen MaibornWolff und SAS Software, der Online Händler Zappos, die Bekleidungsunternehmen Patagonia oder Toms Schuhe (absolut wertfreie Auswahl).

der schlechten Vereinbarkeit von Beruf und Familie, geringen Lohnsteigerungen und der Angst vor Arbeitsplatzverlust.[5] Viele Menschen haben resigniert, versuchen, sich mit ihrer Situation irgendwie abzufinden und träumen vom Lottogewinn. Wie aber kann ein Unternehmen Spitzenleistungen erbringen, wenn viele Menschen in diesem Unternehmen nur da sind, weil sie nun einmal Geld verdienen müssen? Wenn das Unternehmen seine eigene Daseinsberechtigung allein darin sieht, den Gewinn zu steigern? Eine wertschätzende Unternehmenskultur? Gemeinsame Ziele? Freude und Selbstverwirklichung bei der Arbeit? Wozu?

Hand aufs Herz: Wie viele Menschen kennen Sie, die gerne zur Arbeit gehen und mit dem, was sie täglich tun, wirklich zufrieden sind? Ganz gleich, ob Geschäftsleitung, Fach- oder Führungskraft, Trainee, Azubi oder Praktikant: Auf die Frage nach dem Job wird geklagt, gelitten, verzweifelt, gerungen und gekämpft, sich beschwert und gelästert. Glauben Sie nicht? Dann setzen Sie sich einmal zur abendlichen Berufsverkehrszeit in eine S-Bahn und hören Sie den Handy-Telefonaten der Heimkehrer zu: Altersübergreifend wird den Lieben zuhause geschildert, was heute wieder alles falsch gelaufen ist in diesem blöden Job. Es wird lamentiert, wie unfähig die Chefs, Kollegen und Mitarbeiter sind, Einzelfälle breitgetreten und geseufzt, dass Gott sei Dank bald Wochenende oder Urlaub ist.

3.1.4   Warum tut denn keiner etwas?

Trotz der offensichtlich großen Unzufriedenheit halten die meisten lieber still. Menschen, die sich statt im Flurfunk ihren Frust loszuwerden, direkt an die Entscheider-Stellen richten, um durch ein sachliches Ausdiskutieren ihren Teil zu einer Problemlösung beizutragen, sind die Ausnahme. Warum? Wir sehen im Grunde die immer gleichen Muster:

- Angst vor Arbeitsplatzverlust bzw. davor, durch Wahrheit und Klarheit persona non grata zu werden und vor der Konsequenz auf die eigene Position im Unternehmen (Kündigung oder einflusslose Parkposition), damit negative Auswirkung auf ihren Lebenslauf.
- Selbst auch keine bessere Lösung parat haben.
- Angst vor der eigenen Courage bzw. davor, dass sich tatsächlich etwas ändern könnte – schließlich hat man sich, zumindest schlecht und recht mit der aktuellen Situation arrangiert und weiß wenigstens, was einen erwartet und was von einem erwartet wird.
- Fehlendes Selbstbewusstsein, dass der eigene Beitrag überhaupt relevant sein könnte, bis hin zur Unterwürfigkeit.
- Kein Vertrauen darauf, dass durch das Äußern der eigenen Meinung etwas in Gang kommen könnte bzw. völlige Resignation „das bringt sowieso nichts, das kann ich nicht ändern". Das Ganze vielleicht nach Ernüchterung durch schlechte Erfahrungen in der damals noch engagierteren Sturm- und Drang-Zeit.

---

[5] Vgl. bspw. Studie „Arbeitszufriedenheit sinkt erheblich – Frust, made in Germany" auf sueddeutsche.de (2011)

Das Dilemma: Wenn keiner direkt miteinander spricht, wissen die Verantwortlichen oft überhaupt nichts von den Stimmen, die es im Unternehmen gibt. Sie haben vielleicht ein Gefühl, eine Ahnung, dass irgendetwas nicht passt. Und: Würden Sie, wenn Sie mehr wüssten, die Kritik an- und ernstnehmen können? Oder doch eher die Macht ausspielen, am längeren Hebel zu sitzen?

Auch das ist leider oft genug Realität. Wir haben selbst erlebt, wie in einem sehr erfolgreichen Dienstleistungsunternehmen, mit rund 400 Mitarbeitern, die (katastrophalen) Ergebnisse einer Mitarbeiterbefragung bekannt gegeben wurden. In einer Präsentation vor der gesamten Belegschaft (überwiegend Akademiker) führte die Geschäftsleitung Charts vor, die deutlich machten, dass über 70 Prozent der Angestellten wiederholte Umstrukturierungen und Management-Entscheidungen für zumindest fragwürdig hielten und nicht nur gute Gründe dafür, sondern auch konstruktive Gegenvorschläge vorbrachten. Alle waren gespannt darauf zu erfahren, was die nächsten Schritte seien, welche der Vorschläge aufgegriffen würden und wie man gemeinsam die Zukunft, in einer zugegeben schwierigen Zeit, gestalten werde. Doch dann endete die Präsentation nach der Ergebnisdarstellung sinngemäß mit den Worten: „Jetzt seid ihr alle euren Frust losgeworden, dann können wir ja jetzt weitermachen. Zurück an die Arbeit." Nicht nur die Belegschaft war nach dieser Ansage sprachlos – die externen Berater, die die Befragung initiiert und ausgewertet hatten, waren es auch. Zumal die Geschäftsleitung keinen Zweifel daran ließ, dass der „Dialog" damit beendet war. Wie die Geschichte ausging? Der Frust wuchs, das Unternehmen schrumpfte, was nicht nur dem wirtschaftlichen Umfeld geschuldet war. Heute kämpft es mit rund 50 Mitarbeiterinnen und Mitarbeitern längst nicht mehr um jenen ersten Platz im Ring, den es seinerzeit noch hatte, sondern ums nackte Überleben.

Dass es auch anders geht, beweist nicht zuletzt das Beispiel des Hotelbetreibers Bodo Janssen. Nachdem ihm eine Mitarbeiterumfrage ein verheerendes Zeugnis ausstellte, ging er erst einmal ins Kloster. Danach hat er die Arbeitskultur in seinen Hotels komplett umgekrempelt. Mit Erfolg. Seine Hotels sind heute profitabler denn je, Mitarbeiter bleiben im Schnitt sechs Jahre – was in der Hotellerie schon fast gleichbedeutend mit lebenslang ist – und sie gehen gerne zur Arbeit. Bodo Janssen hat mit seinem Upstalsboom-Weg den Turnaround geschafft, aber es ist nur ein Weg von vielen.

Wenn Reden aus Sicht der schweigenden Mehrheit nichts bringt, wäre doch eine Abstimmung mit den Füßen die logische Konsequenz. Warum belassen es dennoch so viele bei der inneren Kündigung statt ihren beruflichen Weg selbstbewusst und selbstbestimmt zu gestalten?

Weil Selbständigkeit ganz schön riskant ist und ein Arbeitgeberwechsel häufig auch keine (Er-) Lösung darstellt. Schließlich sind die vollmundigen Versprechen, mit denen Unternehmen auf Ihren Karriere-Websites und in Hochglanzbroschüren um neue Mitarbeiter werben, häufig nichts anderes als falsch verstandenes, nicht zu Ende gedachtes, geschweige denn gelebtes Employer Branding. Nichts anderes also als Selbstmarketing und Verkaufsförderung eines bestimmten Zweckes wegen – Wahrheitsgehalt sekundär. Beiträge auf Bewertungsportalen wie kununu, glassdoor und Co. zeichnen oft ein ganz anderes Bild – es sei denn, sie werden durch geschicktes Reputation Management frisiert.[6] Seit sich herumgesprochen hat, dass auch die *Candidate Experience* eine zentrale Rolle bei der Entscheidung für oder gegen einen Arbeitgeber spielt, wurde auch hier aller Orten nachgebessert. Aber, und hier beißt sich die Katze in den Schwanz: Alle Schminke, alle Rüschen, Schleifchen, Bonuspakete etc. pp. sind umsonst, wenn die Alltags-Realität anders aussieht. Wenn man trotz Hochglanz-Versprechen doch innerhalb kürzester Zeit spürt, wieder in einem Silo, nur mit neuem Namen, gelandet zu sein, sich wieder an mehr oder weniger sinnvolle Prozesse halten soll und Unternehmensziele verfolgt, die einem ebenso verborgen bleiben wie der Beitrag, den man leistet/leisten kann, um diese Ziele zu erreichen.

3.1.5 Gut gemeint ist nicht gleich gut gemacht

Wir sind überzeugt davon, dass schon heute eine Vielzahl der Entscheider bei Unternehmenserfolg nicht nur ans Geld, sondern auch an die Gesellschaft und die Menschen, die diesen Erfolg erst möglich machen, denkt. Genauso wenig streiten wir ab, dass viele die Absicht haben, mit den Mitarbeitern an gemeinsamen Zielen zu arbeiten. Auch an der Bereitschaft, Mitarbeitern Verantwortung zu übertragen und aktiv daran mitzuwirken, ihre Unternehmen sozialer, umwelt- und mitarbeiterfreundlicher auszurichten und eine offene Kultur zu leben, mangelt es selten.

Oft werden ernsthafte Veränderungsbemühungen an den Tag gelegt – und sie scheitern trotzdem. Es werden Projekte aufgesetzt, Berater ins Haus geholt und viel Geld, Zeit, Nerven und Energie investiert, um etwas Neues in die Welt zu bringen, und zwar möglichst, bevor es der Wettbewerb tut. Es werden Pläne und Konzepte geschrieben, Strategien entwickelt und Ziele ausgerufen; es werden Projekte mit ambitionierten Zeitplänen aufgesetzt, Prozesse und IT-Systeme implementiert, es werden Meetings über Meetings abgehalten, um möglichst schnell wieder ins Tun zu kommen und von Fortschritten im Plan berichten zu können. In der Jahresrückschau ist dann etwas geschafft, aber die angestrebte Zufriedenheit mag sich dennoch nicht einstellen. Projekte mit externen Beratern sind für viele inzwischen ein rotes Tuch, die vom Management entwickelten Pläne und Konzepte werden immer seltener als sinnvoll erachtet und, wenn überhaupt, in der Regel nur halbherzig umgesetzt.

Heute gibt es wohl nur noch wenige Unternehmen, die Corporate Social Responsibility (CSR), Diversity und ökologische Nachhaltigkeit nicht zu ihren Unternehmenswerten

---

[6] Uns ist bewusst, dass die Bewertungen auf diesen Portalen mit Vorsicht zu genießen sind, denn a) werden die Portale häufiger dafür genutzt, dem Ärger über einen Arbeitgeber/Chef Luft zu machen, statt von ihm zu schwärmen und b) wissen wir von „Motivationsmethoden" mancher Unternehmen, damit sie von ihrer Belegschaft positive Bewertungen erhalten.

zählen – aber die Unternehmen, bei denen diese Werte tatsächlich täglich gelebt werden, sind selten.

Oder äußerst kalkuliert: So hat eine große internationale Beratungsgesellschaft die Flüchtlingskrise 2015 geschickt dafür genutzt, sich Beratungsaufträge bei Bund, Ländern, Gemeinden und Kommunen zu sichern. Ganz einfach, indem man zunächst als edler Ritter auftrat, der pro Bono bei den drängendsten Fragen beriet – und das natürlich auch, ganz im Sinne von „tue Gutes und rede darüber" in der Presse kundtat. Dass man sich über diese Pro-Bono-Projekte eine Vielzahl von Beraterprojekten mit einem mehrstelligen Millionenbudget sicherte, die ohne Ausschreibung vergeben wurden, dass besagte Beratergesellschaft bei Ausschreibungen heute aufgrund ihrer Sachkenntnis bevorzugt wird … Ein Schelm, wer Böses dabei denkt. Die Reputation als edle Ritter bekommt so zumindest Kratzer.

Auch die Einrichtung von Betriebskindergärten, eine Erhöhung der Personalentwicklungs-Budgets, betriebliche Sport- und Gesundheitsprogramme, regelmäßige Firmenausflüge und -feste, Pilateskurse und eine Bar im Keller sind zwar gute Ideen, reichen aber, anders als in den 90er und Nuller-Jahren nicht (mehr), um junge Talente zu gewinnen und erfahrene Mitarbeiter dauerhaft an das Unternehmen zu binden.

Zumal das gut Gemeinte zuweilen ein ganz eigenes „Gschmäckle" hat. So ist die Teilnahme an Gesundheits-Kursangeboten oder firmeninternen Fit-Bit Challenges, bei denen es zum Beispiel darum geht, welches Team/welcher Kollege an einem bestimmten Tag die meisten Schritte macht oder die meisten Kalorien verbrennt, vielfach nur vermeintlich freiwilliger Natur und setzen Mitarbeiter unter Umständen weiterem (Optimierungs-) Druck aus. Vor allem weil die Nutzung der Angebote nicht selten mehr oder weniger offen kontrolliert wird. Es geht sogar noch weiter: 2016 diskutierten einige Personaler ernsthaft darüber, dass es sinnvoll sei, mit Mitarbeitern Zielvereinbarungen bzgl. ihres Gewichts und ihres Bewegungspensums zu treffen, wenn sie in der Kantine eher zu Currywurst mit Pommes statt zum Frühlingssalat greifen oder auch für nur ein Stockwerk den Aufzug bemühen.

Kurz: Solange sich nur die Oberfläche, nicht aber die Werte und die Kultur im Unternehmen ändern, bleibt alles beim Alten. Ein Unternehmen wird nicht dadurch jung, dass es den Casual Friday auf die ganze Woche ausweitet und plötzlich darauf besteht, dass sich alle Duzen.

Wollen die Menschen heute einfach zu viel? Sind sie zu satt, zu verwöhnt oder treibt sie doch etwas anderes an als Arbeitsscheu und Vergnügungssucht?

Wir legen uns da mal fest: Die Menschen wollen arbeiten. Und, Überraschung: Sie wollen gar nicht mal (nur) wegen des Geldes arbeiten. Es geht um Sinn, um Wertschätzung, um Erfolg, der etwas anderes ist, als die Erfüllung materieller Wünsche. Was ihnen in der Arbeitswelt fehlt, sind Sinn und Orientierung, Authentizität und Wertschätzung. Wer also wirklich etwas verändern will, tut gut daran, nicht nur an der Oberfläche zu kratzen und in einen Aktionismus zu verfallen, der doch nur wieder auf alten Wein in neuen Schläuchen hinausläuft, sondern sich stattdessen die Zeit für den tieferen Blick zu nehmen.

Unsere Beobachtung ist: Der Blick, mit dem Veränderung initiiert wird, ist in vielen Fällen trendgetrieben (alle machen das jetzt so) und vielfach an (kurzfristig) messbaren Ergebnissen orientiert. Von einer ganzheitlichen Sicht ist nicht viel zu spüren. Aber genau darum geht es – und das am besten noch bevor die Hütte brennt. Nicht trotz VUCA, sondern genau deswegen. Es genügt nicht, an den Symptomen herumzudoktern und ein wenig Kosmetik zu betreiben. Es gilt vielmehr, Strukturen und Prozesse im gesamten Unternehmen zu überdenken und in Einklang zu bringen – mit der DNA des Unternehmens, mit den Leuten, die darin arbeiten und mit dem Umfeld. Nur so gelingt es, als Unternehmen ein ganzheitlich stimmiges und authentisches Bild abzugeben, so dass es bei engagierten, neugierigen, leistungsbereiten und kreativen Menschen als wertvoller und attraktiver Arbeitgeber wahrgenommen wird.

Was genau ist eigentlich diese Ganzheitlichkeit? Und wie ist sie zu erreichen? – Schließlich muss die wirtschaftliche Stabilität zu jedem Zeitpunkt eines Change gesichert sein, denn ein ganzheitliches Unternehmen, das finanziell den Bach heruntergeht, nutzt nichts. Wie kann man ein Unternehmens- und Arbeitsumfeld schaffen, in dem es ganz normal ist, das, was man tut, gerne zu tun? Gibt es vielleicht sogar einen Weg, der sich leicht anfühlt, an dessen Ziel Arbeit nicht mehr als *MUSS*, sondern als *WILL* empfunden wird? So manches Start-up hat es vorgemacht,[7] und einige etablierte Unternehmen haben es ebenfalls geschafft oder sind auf dem besten Weg dahin. Was machen sie anders? Warum werden sie als attraktiv und wertvoll wahrgenommen?

Wir glauben, dass es die Art ist zu denken, und die Handlungen, die aus dieser Art zu denken hervorkommen, den eigentlichen Unterschied ausmachen. Dass es eigentlich um ganz einfache Dinge geht. Wir wollen Sie dazu anregen, Ihre Gewohnheiten in Denken und Handeln zu überprüfen. Versuchen Sie, die Welt Ihres Unternehmens einmal mit anderen, neuen Augen zu sehen. Vielleicht ist auf den folgenden Seiten etwas dabei, das Sie für sich und Ihren Arbeitsalltag/Ihr Unternehmen nutzen können und bei dem Sie tiefer einsteigen möchten. Wenn Sie nach der Lektüre für sich feststellen, dass Ihr Weg ein anderer ist: Prima! Wir wären dann aber auch neugierig zu erfahren, welcher das ist und warum Sie ihn gehen.

3.2   Wertvolle Arbeitgeber und alternative Wege der Zusammenarbeit

Es gibt sie, die Unternehmen, die in den letzten Jahren positiv auf sich aufmerksam gemacht haben, in denen die von vielen Arbeitnehmern wahrgenommene Sinnleere, Profitgier und Unehrlichkeit verschwunden zu sein scheint. In Deutschland macht u. a. die sogenannte *Augenhöhe-Bewegung* von sich reden.[8] In dieser Community finden sich Firmen ganz unterschiedlicher Branchen und Größen wieder, die alle wenig miteinander gemeinsam haben außer: Sie strahlen einen Spirit aus. Etwas Einzigartiges, Unverwechselbares.

---

[7] wenngleich auch von ihnen einige im Zuge des Wachstums wieder an ihre Grenzen gestoßen sind

[8] Verleihung des Sonderpreises der deutschen Personalwirtschaft für den zugehörigen Film „Augenhöhe-Wege" in 2015.

Irgendwie gelingt es diesen Unternehmen offenbar, Einsatzwillen, Leistungsbereitschaft und ja, Arbeitsfreude bei ihren Beschäftigten zu wecken. Die Kultur wirkt natürlich, gelebt und nicht wie eine aufgesetzte Show. Wir suchen also nach dem Geheimnis dieses Erfolgs.

Bevor wir tiefer einsteigen, halten Sie doch einmal einen Moment inne und denken kurz über folgende, ganz alltägliche Dinge nach:

- Wie entwickeln Sie Vision/Strategie/Ziele und wer ist daran beteiligt?
- Kennen Sie Ihre Kunden? Was wissen Sie über deren Bedarf, heute und in Zukunft? Wie viel Prozent Ihrer Arbeitszeit verbringen Sie (persönlich oder gedanklich) mit Ihren Kunden und wofür wenden Sie die übrige Zeit auf?
- Wie treffen Sie Ihre Entscheidungen und wie viel Zeit nehmen Sie sich dafür?
- Was ist Personalentwicklung für Sie und wofür dient sie?
- Welchen Stellenwert hat Ihr Controlling, in welchen Zeiträumen planen Sie? Und wofür überhaupt?
- Wie groß schätzen Sie das Vertrauen Ihrer Mitarbeiter in Sie und Ihre Organisation ein?
- Leben Sie die Kultur, die Sie sich wünschen?
- WARUM sind Sie als Unternehmer/Führungskraft in Ihrer Funktion tätig?

Heben Sie sich Ihre Antworten gut auf. Vielleicht haben Sie ja Lust, sie noch einmal hervorzuholen, wenn Sie mit diesem Kapitel oder dem ganzen Buch fertig sind und zu überprüfen, welche Punkte Sie gerne ändern möchten und wohin es gehen soll.

3.2.1 Die Kunst des Weglassens

Wer sich auf einen Weg mit unbekanntem Ziel begibt, sollte seinen Rucksack mit sehr viel Bedacht packen. Genau prüfen, was wirklich nötig und was nur Ballast ist, den man besser zurücklässt. Genau das machen auch jene Unternehmen, die heute als Pioniere gelten und dem Ziel, sich als wertvolle Arbeitgeber zu etablieren, schon ein Stück nähergekommen sind. Sie haben Dinge, die im Unternehmensalltag heute völlig normal sind, auf den Prüfstand gestellt – und viele davon einfach weglassen. Hier einige Beispiele:

Der Fokus liegt nicht auf Kennzahlen, es gibt nur wenige Richtlinien und Regeln, keine geplanten Wachstumsstrategien. Auf die Frage, wie er denn seine Finanzen manage, antwortete der CEO einer Münchner IT-Firma, die seit einigen Jahren erfolgreich auf einem solchen Weg ist und dabei verschiedene Fettnäpfchen identifiziert hat, die diese Entwicklung behindern: „Wirtschaftlich zu handeln, also nicht mehr Kosten zu verursachen, als über unsere Projekte eingenommen werden kann, kann ich bei erwachsenen und verantwortlich handelnden Menschen doch voraussetzen, oder? Solange wir jedem Mitarbeiter die Transparenz über die gesamte Finanzsituation im Unternehmen geben, wissen diese doch auch, was für die Firma zumutbar ist und was nicht – was soll da schiefgehen?"

Es gibt so gut wie keine festgeschriebenen Stellenbeschreibungen/Jobtitel – die Mitarbeiter suchen sich eigenständig, punktuell oder auch dauerhaft, Aufgaben, die erledigt werden müssen, und solche, bei denen sie ihre Talente und Fähigkeiten aus ihrer Sicht sinnvoll einsetzen und weiterentwickeln können.

Zielvereinbarungen werden zunehmend abgeschafft, denn: soll der Mitarbeiter, wenn es eng wird, lieber an seiner Zielvereinbarung arbeiten oder doch besser am Kundenprojekt?

Auch Strategien, wohin sich Produkte entwickeln sollen, finden sich so gut wie nicht. Stattdessen werden aktuelle Trends verfolgt und der Dialog mit Kunden intensiviert, um schnell und auf kurzen Wegen auf Veränderungen und neue Herausforderungen zu reagieren.

Zentrale Personalentwicklung? Fehlanzeige! Jeder ist selbst verantwortlich dafür, die Fähigkeiten zu entwickeln und das Wissen zu erwerben, das er braucht, um seine (selbst-gewählte) Aufgabe noch besser erfüllen zu können. Über das Vorgehen wird auf Initiative des Mitarbeiters hin gemeinsam entschieden.

Prozesse? Höchstens in Form von Spielregeln für eine gemeinsame Orientierung. Diese werden jedoch sofort angepasst, sobald sie für die aktuellen Anforderungen nicht mehr passen.

Formale Meetings werden zunehmend durch ein *Walk & Talk* ersetzt – das bedeutet, wer etwas zu klären hat, verabredet sich punktuell mit dem geeigneten Ansprechpartner und verbindet dies zum Beispiel mit einer Runde frische Luft.

Mit dem Bild der VUCA-Welle gesprochen: Bei diesen Unternehmen klappt es zunehmend mit dem gemeinsamen Surfen auf der Welle – und die Welle bilden die aktuellen Anforderungen des Umfeldes, bestehend aus Kunden, Mitarbeitern, Weltgeschehen und unmittelbarer Unternehmensnachbarschaft, Technologien und ähnlichem. Die Welle ebbt nicht ab, sie verändert sich, aber das Board bleibt oben. Denn auch wenn keiner weiß, was morgen gebraucht wird, kann sich jeder darauf einstellen, das Board jederzeit in eine neue Richtung zu lenken.

Klar, dass solche Unternehmen ihren Reiz auf gut qualifizierte Bewerber ausüben, zunehmend wahrgenommen und verstärkt auch gesucht werden. Und das nicht nur von denjenigen unter uns, die Surfer schon immer sexy fanden.

3.2.2   DEN Weg gibt es nicht – finden Sie Ihren!

Es gibt wahrscheinlich genauso viele Wege, ein *wertvoller Arbeitgeber* zu werden, wie es Unternehmen gibt. Denn der Versuch, den Weg eines anderen zu kopieren, ist zum Scheitern verurteilt. Schließlich ist Authentizität eines der Hauptmerkmale *wertvoller Arbeitge-ber*. Daher sind wir uns sicher: Die Lösung liegt in der DNA Ihrer Organisation. Sie muss nur zum Vorschein gebracht werden.

Ein Produkt oder eine Dienstleistung, die einer großen Kundengruppe Nutzen (und damit Bekanntheit) bringt, ist sicher hilfreich. Aber auch, wenn Ihr Produkt/Ihre Dienst-leistung nur in einem winzig kleinen Nischenmarkt bekannt und geschätzt ist – der Attrak-tivität Ihres Unternehmens tut das keinen Abbruch. Denn es sind die Menschen, die den Unterschied machen. Sie entscheiden darüber, wie sich ein Unternehmen entwickelt – vor allem darüber, wie sich Arbeit in Ihrem Unternehmen anfühlt, wie sich Menschen darin entfalten und ihre Talente, Fähigkeiten und ihr Herzblut einbringen können und wollen.

Und welche Art von Menschen das Unternehmen künftig anziehen wird. Daher graben wir auf den folgenden Seiten ein bisschen tiefer nach Hebeln und Stellschrauben, die ein Team, ein Unternehmen, die Kultur und eines Tages vielleicht sogar die Gesellschaft nach und nach positiv beeinflussen können.

Das mag vielleicht ein wenig weit gegriffen, ja sogar utopisch klingen, aber wir glauben fest daran, dass es möglich (und nötig) ist, nicht nur Unternehmen, sondern die ganze Welt ganzheitlicher zu denken und damit nachhaltiger zu machen. Auch wenn, und gerade weil es nicht mal eben nebenbei zu erledigen ist. Wir verwenden „nachhaltig" dabei nicht nur im ökologischen, sondern ganz bewusst vor allem im Wortsinn: „auf längere Zeit stark wirkend", also als Synonym für „wirkungsvoll, erfolgreich und beeindruckend."

3.2.3 Die Strahlkraft der Authentizität/Ganzheitlichkeit

Wie bereits angemerkt, haben Employer Branding Projekte und Aktivitäten zur Steigerung der Arbeitgeberattraktivität seit einigen Jahren Konjunktur. Im (Über-)Angebot auf dem Markt fällt die Orientierung schwer, das Richtige für sich auszuwählen. Vieles klingt vielversprechend – und es werden immer wieder auch Lösungen angeboten, die tatsächlich über bunte Bilder, Broschüren, Websites und wie auch immer geartete Events hinausgehen. Nur leider wird Employer Branding selten ganzheitlich gedacht, geschweige denn umgesetzt. Was (fast) immer auf der Strecke bleibt, ist das interne Employer Branding, also das gemeinsame Herausarbeiten von zentralen Kulturfaktoren und Kulturzielen. Es geht nicht (nur) darum herauszufinden, wer man als Arbeitgeberpersönlichkeit ist und wer man sein will, sondern auch darum, herauszufinden, welche Art von Menschen aktuell im Unternehmen ist, welche Art von Menschen sich in genau diesem Unternehmen wohl fühlt, und welche Art von Menschen gebraucht wird, um sich weiter zu entwickeln – zunächst einmal ganz ohne Blick auf fachliche Qualifikationen. Das ist anstrengend, erfordert Zeit und Einfühlungsvermögen. Und bis sich Erfolge zeigen, dauert es wesentlich länger als eine schnell aufgesetzte impactstarke, multimediale, Cross-Device Employer Branding Kampagne – dafür halten die Erfolge aber auch länger an. Denn nur, wenn das Bild, das nach außen gezeichnet wird, authentisch ist, nur wenn das, was in der Öffentlichkeit (oder im Bewerbungsgespräch) über das Team/den Arbeitgeber kommuniziert wird, auch gelebt wird, kann echte Arbeitgeberattraktivität entstehen. Nicht nur, weil die persönliche Empfehlung auch heute noch einer der wichtigsten Rekrutierungskanäle ist. Sondern auch, weil sich der Bewerber sonst spätestens am zweiten Arbeitstag so fühlt wie ein Fisch, der leider erst an der Angel hängend merkt, dass er auf einen Kunstköder hereingefallen ist. Während der Fisch seinen Irrtum mit dem Leben bezahlt, hat man als Arbeitnehmer immer noch die Chance, früher oder später die Notbremse zu ziehen und wieder den mehrfach zitierten Klick zum nächsten Arbeitgeber zu machen. Erfreulich ist das für beide Seiten nicht. Von Produktivität, Wirtschaftlichkeit und verschwendeten Energien ganz zu schweigen.

Kurz: Es gibt keine Standard-Lösung, vielmehr gilt es, an sich, seinem Team und seiner Unternehmenskultur zu arbeiten und den Weg zu finden, der zur DNA und den Zielen Ihrer Organisation passt. Genauso haben es auch jene Unternehmen gemacht, die heute

im Sinne der Augenhöhe-Bewegung erfolgreich sind. Sie haben sich nicht ins stille Kämmerlein zurückgezogen, Nabelschau betrieben und vor sich hingewurschtelt – ganz im
Gegenteil. Der offene, aktive Austausch mit anderen Unternehmen, die auch auf dem Weg
sind, die Diskussionen über Ideen und Ansätze, Best Practices und Lessons Learned, sind
ganz wesentliche Merkmale dieser Bewegung. Dabei geht es explizit nicht um Bench-
marking oder Nachmachen, sondern nur um den Austausch von Erfahrungen – schließlich
kann das, was im einen Unternehmen krachend gescheitert ist, in einem anderen genau
den Nerv treffen. Und natürlich gibt es doch ein paar Gemeinsamkeiten: Das primäre
Ziel des Changes war in allen Unternehmen nicht in erster Linie weiteres Wachstum oder
Kapitalmehrung. Heute strahlen sie etwas Ganzheitliches aus und vermitteln nach außen
den Eindruck, als wäre alles an seinem Platz oder zumindest auf dem guten Weg dorthin.

3.2.4   Was heißt „ganzheitlich" eigentlich und wie wird man das?

Mit ganzheitlich ist eine Grundhaltung gemeint, die auf der Annahme basiert, dass
alles irgendwie zusammenspielt und einen Sinn bekommt. Ganzheitliches Denken geht
über Unternehmensgrenzen hinaus. Es bezieht wie selbstverständlich *alles, was ist,* ein.
Berücksichtigt man das als Team/als Unternehmen, bedeutet das die Ausrichtung auf ein
WARUM.[9] Nicht: Wie viel Geld ist am Jahresende auf dem Konto. Sondern: Warum tun
wir, das, was wir tun? Wofür? Was ist unsere Aufgabe als Organisation? Und mit diesem
Warum und Wofür setzen sich alle im Unternehmen auseinander. Und ausnahmslos jeder
im Unternehmen kann sich daran beteiligen, die Antworten darauf zu finden, zu hinter-
fragen, Vorschläge einbringen … und macht damit die Ausrichtung des Unternehmens ein
Stück weit zu seiner eigenen Ausrichtung.

Stellen Sie sich vor, Sie wüssten jeden Morgen, wenn Sie aufstehen, warum Sie zur
Arbeit gehen, weil Sie selbst an der Antwort mitgearbeitet haben. Weil es einen Sinn
dahinter gibt. Nicht gleich die Antwort, die die Welt rettet. Eine gemeinsame Klarheit
darüber, was das Ziel im Organisationssystem ist, hilft schon ungemein weiter. Es muss
nicht gleich die große Vision sein. Aber eben ein Pfad, den alle, die sich für diese Firma
entschieden haben, gemeinsam bewandern. Freiwillig. Wäre das nicht einen Versuch wert?

Ganzheitlich werden bedeutet nicht, nur noch um sich selbst zu kreisen, sich mit Psycho-
Themen zu befassen und das Tagesgeschäft brach liegen zu lassen. Sicher nicht. Natürlich
muss Ihr Team/Unternehmen seinem Zweck, das Auskommen, den Lebensunterhalt aller
darin Beschäftigten abzudecken, gerecht werden. Aber wenn die dafür notwendigen Dinge
erledigt sind, bleibt noch viel Spielraum und übrige Energie – und da stellt sich die Frage,
ob diese nicht sinnvoller zu nutzen ist, als mit Big Data und anderen Zahlen-Spielereien, die
über kurz oder lang von der Realität überholt werden. Die Entscheidung, wohin diese Energie
zukünftig fließt, liegt bei Ihnen. Aber Vorsicht: Wenn Sie ernsthaft etwas verändern wollen,

---

[9] Mehr zum „Warum" im Kapitel Leadership

fangen Sie mit Ihrer Einstellung an. Denn es braucht ein grundsätzlich neues Denken – und damit verändern sich auch die Entscheidungen, wie es im Unternehmen weitergeht.

Und das ist nicht einfach nur ein Führungsthema. Verantwortung nach oben delegieren geht dann nicht mehr, auch das Lamento „die da oben müssen nur…" ist dann endgültig passé. Nebenbei bemerkt gilt das auch für Politik und Weltgeschehen. Es sind nicht die anderen, die dazu da sind, unsere Probleme zu lösen. Wie in dem Mahatma Gandhi zugeschriebenen Zitat trefflich bemerkt: Sei selbst die Veränderung, die Du in der Welt sehen willst.

Es gilt also, unsere Einstellung/Haltung zu überdenken. Und dazu gehört eine ganze Menge!

3.2.5 Die (Wieder-) Entdeckung des Rückgrats

Ziel ist es, Ihre Organisation so zu wandeln, dass sie zu einem Ort wird, an dem die Menschen Sinn finden und Spaß daran haben, gemeinsam etwas zu leisten. Und dass Ihr Team/ Unternehmen dadurch jenes gewisse Etwas bekommt, das es für genau die Menschen attraktiv macht, die Sie brauchen, um nachhaltig erfolgreich zu sein.

Der erste Schritt auf diesem Weg zur Veränderung, etwas völlig Neues zu wagen, erfordert vor allem eines: ziemlich viel *Mut*.

Denn die Basis für diesen ersten und alle folgenden Schritte ist das *Vertrauen* darauf, dass die Ausrichtung auf ein gemeinsames Unternehmensziel jenseits von finanziellen Kennzahlen, ein Loslassen alter Konzepte und Regeln überhaupt funktionieren kann. Dazu gehört auch die Entschlossenheit, diesen Weg konsequent gehen zu wollen – im vollen Bewusstsein, dass dazu auch Sackgassen, Um- und Irrwege gehören werden. Und auch, dass Sie gegen Wände laufen und auf Unverständnis, vielleicht sogar Spott und Häme stoßen werden. Bisher läuft unser unternehmerisches Denken auf ganz anderen Bahnen. Erfolg aus Unternehmens- und aus Arbeitnehmersicht anders als monetär zu bewerten, ist mehr als eine Herausforderung. Zumal wir Ihnen im Gegenzug nicht viel mehr anbieten können als unsere tiefe Überzeugung, dass auch der wirtschaftliche Saldo am Ende positiv sein wird, wenn Sie den Fokus gleichermaßen auf wirtschaftliche Faktoren, auf Mensch, Gesellschaft und Umwelt richten.

3.2.6 Offen für alles und jeden – auch für sich selbst

Grundlage für jegliche Veränderung ist *Offenheit*.

Eine Offenheit anderen gegenüber. Die Offenheit, es nicht besser zu wissen und darauf zu beharren, sondern die Möglichkeit in Betracht zu ziehen, aus den Standpunkten Andersdenkender selbst neue Erkenntnisse gewinnen zu können, also jederzeit offen zu sein, dazuzulernen. Von der gewohnten Kategorisierung „richtig/falsch" abzuweichen, statt eines vorschnellen Urteils den offenen Dialog suchen, um gemeinsam herauszufinden, was funktioniert und was nicht.

Zum Offensein gehört auch, genau hinzuschauen, was wirklich los ist, was hinter einer Äußerung, einer Reaktion steht. Oder, um es mit Friedemann Schulz von Thun zu sagen: Auf welche Ebene (Sachebene-Beziehungsebene-Appellebene-Selbstebene) gerade gesendet und empfangen wird. Die Offenheit, die Perspektive eines anderen einzunehmen. Und die Offenheit zu erkennen, wenn sich ganz neue, vielleicht völlig unerwartete Wege zeigen.

Die Bereitschaft, selbst offen zu sein. Sich zu öffnen und so zu zeigen, wie man wirklich ist. Keine Rolle zu spielen, sondern sein Inneres offenlegen, zu sagen, was man wirklich denkt und nicht, was gerade opportun ist. Gelingt das, ist der Grundstein für gegenseitiges Verständnis gelegt. Seelenstriptease ist damit nicht gemeint. Es geht um Situationen, die das Arbeitsleben beeinflussen, und jeder hat selbst in der Hand, wie weit er gehen möchte. Aber sich zu verstellen, verhindert gelingende Zusammenarbeit.

Eine weitere Art von Offenheit, die für uns noch sehr ungewohnt ist, ist die Offenheit für das Ergebnis. Eine Ergebnisoffenheit, die alles andere ist als Willkür, die nicht bedeutet, wahl- und ziellos in den Tag zu leben. Es heißt vielmehr, nicht von vornherein auf ein Ziel festgelegt zu sein, also bspw. die Absicht zu verfolgen, eine bestimmte Produktkonstellation zu erreichen oder ein definiertes finanzielles Ziel. Es heißt, sich ohne klare Vorgaben in eine Situation zu begeben und sich mit Verstand *und* Herz voll zu beteiligen. Sich von einem bestimmten Ziel zu lösen. Für eine so planungs- und kontrollorientierte (Arbeits-) Kultur, wie wir sie heute überwiegend leben, ein gewaltiger Schritt.

Lassen Sie uns hier noch einmal kurz einhaken. Die aktuell vorherrschende Planungs- und Kontrollwut hat nicht nur Vorteile. Ihr Objektivitäts-Bias produziert jede Menge Papierberge und Datenhaufen, hinter denen persönliche Meinungen, intuitive und mutige Entscheidungen ganz schnell verschwinden. Und: Sie frisst viel wertvolle Zeit – unter anderem durch diverse Meetings, in denen weniger der Inhalt, sondern häufig auch die (Papier-) Form dieser Festschreibungen bis aufs Komma ausgehandelt wird. Zudem bleibt am Ende häufig Frust und Unzufriedenheit bei vielen Beteiligten, weil sich die Welt längst weitergedreht hat und alte Pläne zu erfüllen sind, die aus der Zeit gefallen sind und auf Ziele hinarbeiten, die durch endlose Rederunden alles andere als inspirierend sind. Surfer-Gefühle kommen hier gar nicht erst auf.

Nein, Ergebnisoffenheit bedeutet nicht, sich gar keine Ziele zu setzen. Der Zielfindungsprozess und die Definition von Zielen ist nur anders. Mit Ergebnisoffenheit erst entsteht die Grundlage, auf das, was VUCA-Welt und Denkweisen neuer Generationen anbieten, zu reagieren. Aus der Prozessarbeit[10] stammt der kluge Satz: Es geht nicht um die Lösung – wichtig ist immer nur der nächste Schritt. Und das ist eine klare Absage an alles rund um Planung. Es ist vielmehr ein Umgang mit dem, was *ist*, mit dem Hier und Jetzt und es geht um die Fähigkeit, sich voll darauf einzulassen (vgl. Eckart Tolle in seinem Buch „Jetzt – die Kraft der Gegenwart").

---

[10] Vgl. Arnold Mindell bzw. Max Schupbach., z. B. auf www.aamindell.net

3.2.7 Ruhig bleiben und Rückschläge neu bewerten

Was sonst noch wichtig ist? Zeit und Geduld. Deshalb sprechen wir auch von einer Reise, einem Weg. Schlussendlich geht es um nichts anderes als um mehr Bewusst-Sein. Für sich selbst, für die Konsequenzen aus dem, was passiert. Für alles, was irgendwie zusammenhängt. Einstellung und Haltung sind, wenn auch nicht ganz leicht, trainierbar. Es ist eine größere Umstellung und auch nach Jahren kann es immer wieder passieren, dass man in alte Muster zurückfällt. Das ist normal und gar nicht schlimm. Rückschläge sind kein (persönliches) Versagen, sondern vielmehr die Basis für weiteres Lernen, für Entwicklung. Aus diesem Grund ist es auch wichtig, sich selbst und anderen gegenüber großzügig zu sein. Nicht alles auf einmal zu erwarten. Die Großzügigkeit äußert sich in einer Wertschätzung – zunächst sich selbst gegenüber: „Ich bin genug", aber gleichzeitig auch jedem anderen gegenüber. Oder wie die gesunde Haltung im Modell der Transaktionsanalyse dargestellt wird: „Ich bin okay, Du bist okay". Die Vielfalt unter uns Menschen, die Einzigartigkeit eines jeden ist für sich an einer bestimmten Stelle wertvoll. Wer diese (eigentlich selbstverständliche) Einstellung verinnerlicht, kommuniziert und interagiert auf Augenhöhe mit seinem Gegenüber.

Der letzte Punkt im Zusammenhang mit einer Einstellungsänderung ist zentral. Zwar funktioniert ganzheitliche Veränderung ohne keinen der vorhin genannten Punkte, aber dennoch besitzt folgender einen besonders hohen Stellenwert: die Selbstverantwortung.

Eigentlich hören wir immer dieselbe Leier: Die Kollegen, die nicht so funktionieren, wie man wollte, der Chef, der eine unsinnige Vorgabe gemacht hat, der Dienstweg, der so ist wie er ist, der Kollege, der nicht geliefert hat … Es liegt nahe und ist in uns verwurzelt, so zu denken. Aber es geht auch anders. Schließlich können wir den anderen nicht ändern – und es steht uns auch gar nicht zu. Aber: wir können einen Umgang damit entwickeln. Indem wir auf uns selbst schauen und uns fragen: Was hat das mit mir zu tun? Dieser veränderte Blickwinkel verändert auch die Reaktion des anderen. Wenn die Kollegen nicht so funktionieren, wie sie sollen, fragen Sie sich zum Beispiel: Was genau habe ich von ihnen erwartet, wie habe ich das formuliert und wie habe ich es kommuniziert? Wenn Ihr Chef Vorgaben macht, die der Sache nicht dienlich sind, machen Sie sich nicht widerwillig an die Arbeit, sondern legen klar und sachlich dar, warum Sie diese Vorgaben für hinderlich halten und wie es anders bzw. besser gehen könnte. Auf diese Weise kann etwas ganz Neues entstehen.

Wie gesagt: Einstellung und Haltung sind trainierbar. Daher unsere Empfehlung: Schieben Sie bei Gelegenheit in Ihrem Arbeitsalltag jeglichen Druck, den Sie fühlen, einfach mal bewusst zur Seite. Und versuchen Sie es anders. Haben Sie Vertrauen. Nehmen Sie sich die beschriebenen Punkte einmal vor und versuchen Sie, sie anzuwenden. Leichter gesagt als getan? Aber sicher!

Für den Hinterkopf
Wertvolle Arbeitgeber nehmen offensichtlich eine andere Haltung ein und strahlen einen anderen Charakter aus. Sie sind mutig und entschlossen, neue Wege zu gehen

und bisher Bewährtes über Bord zu werfen. Übrigens auch, wenn es um die Auswahl ihrer Mitarbeiter geht. Denn sie haben Vertrauen: Vertrauen in andere Menschen und darauf, dass sie schlussendlich wirtschaftlich erfolgreich sein werden. Der erste Schritt zum wertvollen Arbeitgeber ist daher die *aktive Entscheidung*, grundsätzliche Einstellungen und Überzeugungen in Frage zu stellen und zu verändern. Das erfordert *Mut* und (Ur -)*Vertrauen*. Außerdem große *Offenheit* um permanent dazuzulernen, wahre Beweggründe transparent zu machen und die Arbeitswelt/die Zusammenarbeit ohne Rollenspiel zu gestalten. Dazu kommt die Bereitschaft, sich von gelernten Vorstellungen, Konzepten und Erwartungshaltungen zu lösen, um mit genau dem umzugehen, was gerade da ist – unabhängig davon, was am Ende herauskommen wird. Eine Einstellungsänderung braucht *Zeit*. Rückschläge sind bei alldem kein Zeichen von Versagen, sondern geben wichtige Impulse und sind willkommene Anlässe, um zu lernen, um weiter zu denken und zu arbeiten. Dies wird nur mit der grundsätzlichen *Wertschätzung* von allem, was da ist, und dem Agieren jedes Einzelnen in der *Selbstverantwortung* gelingen.

3.3   Intuition – In der Ruhe liegt die Kraft

Kennen Sie das Gefühl einer leisen Ahnung? Dieses „Ich kann den Finger nicht darauf legen, aber ich weiß, dass hier etwas für mich passt, dass sich hier etwas für mich auftut, was mich in ganz unterschiedlicher Hinsicht bewegt"? Oder auch umgekehrt: das schlechte Bauchgefühl, dass irgendetwas nicht stimmt, nicht passt? Voilá: Das ist Ihre Intuition.

Wie viel Platz hat sie in Ihrem Arbeitsleben und bei den Menschen, mit denen Sie zusammenarbeiten? Gelten hier nur Daten und Fakten oder werden auch leise Signale geäußert, gehört und vor allem ernstgenommen? Wahrscheinlich eher wenig.

Wie schade. Denn die Intuition ist es, was Sie, Ihr Team und Ihr Unternehmen zu etwas Besonderem, etwas Einzigartigem und vor allem innovationsfähig macht. Das Beweisbare, Evidenzbasierte ist bereits dagewesen – echte Innovation zeichnet sich aber dadurch aus, dass etwas noch nie Dagewesenes entsteht. Ohne Intuition hätte es weder die Vision, noch die Umsetzung einer Glühbirne, eines Internets, einer Apple-Welt oder anderer bahnbrechender Entwicklungsschritte gegeben. Streng genommen war jede Neuerung zunächst nichts weiter als ein Gedankenblitz eines Menschen, der eben nicht auf (Big) Data und bereits Bestehendem aufbaut.

Wie Henry Ford schon sagte: „Wenn ich die Menschen [oder meine Daten] gefragt hätte, was sie wollen, hätten sie gesagt, schnellere Pferde."[11] Autos für alle wären so gar nicht erst entstanden.

---

[11] Zitiert nach Henry-Ford.net

Die komplexen Probleme, mit denen uns die globalisierte VUCA-Welt konfrontiert, lassen sich nicht mit der Logik lösen, mit der wir komplizierte Probleme angehen. Statt immer schneller und immer mehr nach gewohnten Mustern zu arbeiten – warum nicht einmal etwas anderes probieren?

Was uns Menschen (noch) von Maschinen (bzw. rein logisch-rationalen Vorgehensweisen) unterscheidet, ist die Fähigkeit zu fühlen. Diese leisen Signale, Bauchkribbeln oder -grummeln auch in den Arbeitsalltag zu integrieren, ist Voraussetzung für ein ganzheitliches Bild.

Jeder hat Zugang zu seiner Intuition. Man muss dazu nicht geboren sein und braucht auch keinen Doktortitel. Unsere Geschäftswelt funktioniert aber noch überwiegend aus dem rationalen Denken heraus – und stößt genau da an ihre Grenzen. Unerwartete, rein logisch-rational nicht erklärbare Kursschwankungen an den Börsen zeigen: Unsere Welt, auch die ökonomische, ist nicht rein kopfgesteuert. Die Prozessarbeit sagt dazu „Überall geht ein frühes Ahnen einem späteren Wissen voraus". Können wir das aktiver nutzen? Im heutigen Business-Alltag fehlt es noch an Bewusstsein für Bedeutung und Wirksamkeit und noch viel mehr an Zeit, sich näher mit der Intuition zu beschäftigen. Zudem an den nötigen Tools und Techniken. Intuition, bzw. der Zugang dazu, ist für jeden trainierbar und zwar durch:

* Innehalten, verlangsamen
* In die Stille gehen, zur Ruhe kommen, die plappernden Gedanken im Kopf langsam verebben lassen
* Sich voll auf die zu bearbeitende Fragestellung oder einfach auf die Leere einlassen und dem eigenen Inneren zuhören, das, was kommt, ernst nehmen, selbst wenn es zunächst komisch wirkt

Spaziergänge und Ruhephasen können dabei helfen, auch Meditation und Yoga – nicht nur *nach*, sondern auch *während* der Arbeitszeit – denn dieses Runterkommen hat nichts mit Faulheit zu tun. Wenn sämtliche Herausforderungen im immer gleichen Besprechungszimmer, oder gar in der immer gleichen Sitzordnung bearbeitet werden, wenn auch Strategietagungen auf die immer gleiche Weise durchgeführt werden, können nur schwer neue Lösungen entstehen, werden neue Wege vielfach gar nicht erst gesehen, geschweige denn begangen. Wirklich Neues entsteht aus dem Nichts, aus der Stille, oder wie Scharmer sagt: vor der leeren Leinwand. Antworten auf zentrale Fragestellungen, die wirklich zu Ihnen, Ihrem Team oder Ihrem Unternehmen passen, finden Sie nicht bei jemand anderem, bei keinem anderen Team und schon gar nicht beim Wettbewerb, sondern nur bei sich selbst – und dazu müssen Sie erst einmal auf sich selbst und nicht auf das Rauschen um sich herum hören. Die Königsdisziplin ist dann der Mut, das, was aus Ihnen selbst herauskommt, nach außen zu vertreten und mit Ihrer Intuition zu begründen.

Probieren Sie es doch einfach mal:

* Versuchen Sie, Ihrer eigenen Intuition näher zu kommen und aktiv mit ihr zu arbeiten. Das mag zunächst ungewohnt sein. Geben Sie sich selbst ganz bewusst Zeit dafür und

vor allem: geben Sie nicht gleich auf, wenn andere das etwas exzentrisch finden und Sie vielleicht ein wenig belächeln. Halten Sie inne. So lange, wie es für Sie passt. Tauchen Sie tiefer in die anstehende Frage ein, verbinden Sie sich mit ihr. Warten Sie ab, was dann passiert, was Ihr Bauch sagt. Unserer Erfahrung nach gewinnen so Erkenntnisse und Lösungswege an Kontur, die genau in die Richtung gehen, nach der eigentlich die ganze Zeit gesucht wird.

- Ermutigen Sie auch Ihre Kollegen, Kunden und andere, mit denen Sie in wichtigen Angelegenheiten zu tun haben, auf ihre Intuition zu hören und vor allem dazu, das auch auszusprechen, was ihnen ihr Gefühl sagt. Wer und was meldet sich neben dem, was wir schon gewohnt sind?

3.4   Wahrnehmen und bewusst wahrnehmen

Umsatzziele wurden nicht erreicht. Ist und Soll liegen auseinander. Was passiert normalerweise? Fast automatisch wird versucht, von der eigenen Verantwortung abzulenken und anderen die Schuld zuzuweisen. Man wird sich auf den Vertrieb stürzen, seine Akquisitionsfähigkeit anzweifeln, ihm vorwerfen, falsche Kunden gepampert zu haben … Der Vertrieb wird auf die Marktsituation verweisen, der Produktion Lieferschwierigkeiten und Qualitätsmängel vorwerfen, Produktmanagement und Marketing für eine verfehlte Politik verantwortlich machen …

Was das mit Wahrnehmung zu tun hat? Eine ganze Menge! Denn es könnte auch anders gehen. Wenn jeder erst einmal seinen Blick rein auf die Fakten richtet, auf das, was tatsächlich da ist. Doch statt gemeinsam Fakten zu sammeln und in Richtung Lösung zu denken, werden im Arbeitsalltag vielfach endlose Schleifen im Angriffs-Verteidigungs-Modus gedreht. Weil jeder seine Wahrheit für die einzig richtige hält und bemüht ist, den eigenen Kasten sauber zu halten. Das kostet alle Beteiligten richtig viel Energie, das Unternehmen einiges an Geld, denn die Ressourcen sind ja gebunden, es führt zu Frust und Ärger und bringt niemanden dem gewünschten Umsatzziel auch nur einen Schritt näher.

Wahrnehmung ist eine sehr subjektive Angelegenheit. Von ihr hängt jede Reaktion auf einen äußeren Reiz ab und bestimmt daher jede Folgereaktion, in Beziehungen, in der Politik und natürlich in der Zusammenarbeit.

In Wikipedia findet sich folgende Definition[12]:

Wahrnehmung ist der Prozess und das Ergebnis der Informationsgewinnung und -verarbeitung von Reizen aus der Umwelt und dem Körperinnern eines Lebewesens. Dies geschieht durch unbewusstes und beim Menschen manchmal bewusstes Filtern und Zusammenführen von Teil-Informationen zu subjektiv sinnvollen Gesamteindrücken. Diese werden laufend mit gespeicherten Vorstellungen (Konstrukten und Schemata) abgeglichen. Inhalte und Qualitäten einer Wahrnehmung können manchmal (aber nicht immer) durch gezielte Steuerung der Aufmerksamkeit und durch Wahrnehmungsstrategien verändert werden.

---

[12] Vgl. Wikipedia-Eintrag „Wahrnehmung"

Wir nehmen mit all unseren Sinnen wahr: visuell, auditiv, kinästhetisch, olfaktorisch und gustatorisch[13] – welche Sinne dominieren, ist auch subjektiv. Beim einen isst das Auge mit, beim anderen die Nase und beim Dritten entscheiden vornehmlich Textur und Geschmack darüber, wie eine Mahlzeit wahrgenommen wird. Für den beruflichen Kontext sei an dieser Stelle die Betrachtung auf das Sehen, Hören und Fühlen beschränkt. Da das Fühlen den Bereich übersteigt, der allein mit Worten auszudrücken ist, und zudem kaum zu beeinflussen ist (wir kommen an späterer Stelle vertiefend darauf zu sprechen), nehmen wir hier mal die visuelle und auditive Wahrnehmung genauer unter die Lupe, denn: bewusst wahrzunehmen heißt, was tatsächlich auf dem Tisch liegt von dem zu trennen, was unterschiedliche Betrachter/Zuhörer daraus machen. Peter Senge stellt den Prozess von der Wahrnehmung zur Handlung in seiner Leiter der Schlussfolgerungen anschaulich dar,[14] die im Folgenden vereinfacht dargestellt wird (siehe Abb. 3.2).

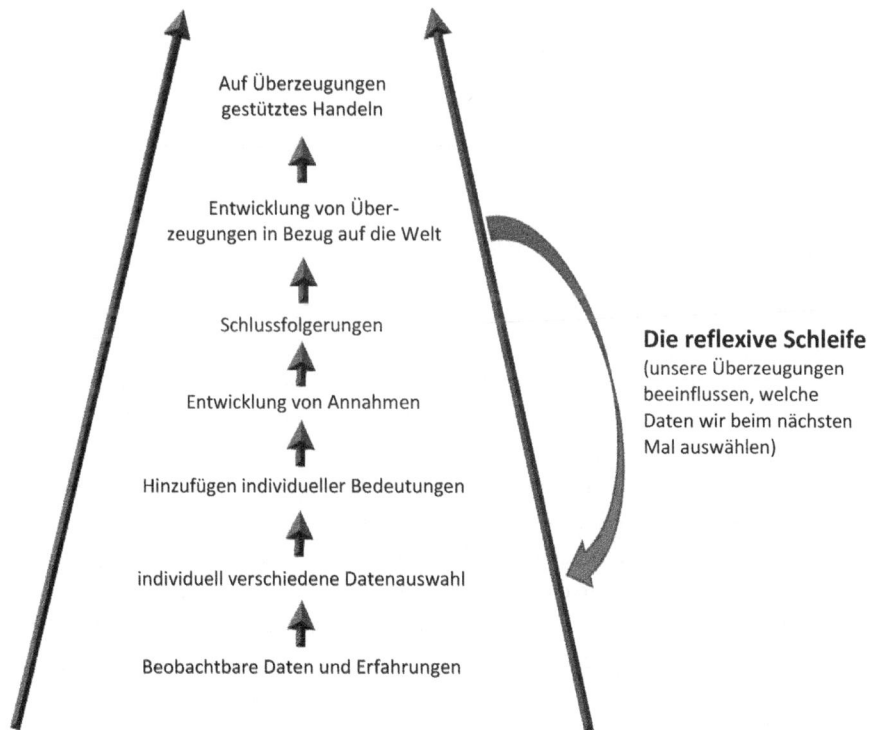

Abb. 3.2 Die Leiter der Schlussfolgerungen, vgl. Senge, Peter et al.: Das Fieldbook zur fünften Disziplin, Stuttgart 1992, 2. Auflage, S. 280 (Mentale Modelle)

---

[13] Im NLP als „VAKOG" verwendet

[14] Vgl. Senge, Peter et al.: Das Fieldbook zur fünften Disziplin, Stuttgart 1992, 2. Auflage, S. 280 (Mentale Modelle)

Das also, was mit einer Videokamera/mit einem Tonbandgerät festgehalten werden könnte, ist die Ausgangslage, die für alle gleich ist. Alles, was danach passiert ist das, was jeder Einzelne von uns daraus macht. Ziel ist es, die offene Wahrnehmung zu schärfen, sozusagen die Welt mit den staunenden Augen eines Kindes zu betrachten. Die Herausforderung liegt darin, den eigenen Blick nicht durch (fachliche) Vor-Erfahrung einzuengen und statt neue Ideen mit Argumenten wie „das haben wir schon immer so gemacht" oder „das war noch nie so" vom Tisch zu fegen, das – und nur das – klar zu sehen, was wirklich da ist.

Versuchen Sie zu erkennen, was tatsächlich *ist* und trennen Sie es von dem, was *bei Ihnen* ist. Erforschen Sie im Alltag *Ihre* Muster der Datenauswahl, Bedeutungen, Annahmen, Schlussfolgerungen und Überzeugungen. Wahrscheinlich werden Sie erstaunt sein, wieviel Interpretation auch noch in einer vermeintlich objektiven Betrachtung steckt. Es gibt so viele Realitäten wie Menschen, in der Tat. Macht nichts, denn, bewusst und offen damit umgegangen, kann es sehr hilfreich sein, alle subjektiven Realitäten wegweisend zur Lösung von Aufgaben geeignet zu mischen.

Natürlich muss man sich, um bewusst wahrzunehmen – mal wieder – mehr Zeit nehmen, genauer und tiefer hinsehen. Nur: wenn es erst gar nicht zu Missverständnissen und Folgefehlern kommt, und Sie und Ihr Team ein gemeinsames Bild der tatsächlichen Fakten haben, können Sie sich vermutlich jede Menge Meeting-Schleifen und Klärungstelefonate sparen.

3.4.1 Hören Sie zu – aber richtig

Die Qualität der auditiven Wahrnehmung ist deshalb so zentral, da (fast) alles in unserem Arbeitsalltag und das, was dabei herauskommt, davon abhängt, ob wir uns wirklich verstehen, wenn wir miteinander sprechen. Klingt vielleicht banal, ist es aber mitnichten. Wir kennen das Thema noch mehr aus dem privaten Beziehungsleben. „Du hast mir wieder nicht richtig zugehört!" ist wohl einer der meistgebrauchten Sätze in jeder Partnerschaft. Weniger Aufmerksamkeit bekommt dies bisher in der Geschäftswelt. Schade eigentlich, denn zwischen gehört und verstanden liegt nicht selten ein riesiger Graben.

Im Rahmen seiner Ausführungen über den blinden Fleck von Menschen fordert Scharmer uns auf, die Aufmerksamkeit zu verlangsamen.[15] Das gilt auch und besonders im gegenseitigen Zuhören. In verschiedenen Aktionsforschungsprojekten hat er dafür folgende vier Ebenen des Zuhörens identifiziert[16]:

1. Ebene: Abspulen oder Runterladen
„Ja, genau". Das heißt so viel wie: Wir hören genau das, was wir schon wissen und was unsere Erwartungen und Einstellungen bestätigen. Unser Handeln bleibt in den Mustern der Vergangenheit – wir reagieren nur. „Ich bin in meinen eigenen Grenzen gefangen".

---

[15] Scharmer, C.O., Käufer, K.: Führung vor der leeren Leinwand – Presencing als soziale Technik, in: Organisationsentwicklung Nr. 2/2008, S. 4 ff.

[16] Zusammenführung verschiedener Quellen

2. Ebene: Faktisches Zuhören

„Ah, das war mir noch neu". Dieses Zuhören konzentriert sich darauf, das eigene Wissen gezielt um neue, zusätzliche Fakten zu ergänzen oder abweichende Daten für einen Diskurs oder eine Debatte zu nutzen. Wir gestalten um, wir optimieren. „Ich sehe die Differenz".

3. Ebene: Empathisches Zuhören

„Ich weiß genau, wie Du Dich fühlst". Wir verlassen mit unserer Aufmerksamkeit unsere eigene Welt und blicken aus den Augen des anderen. Die eigene Agenda wird zumindest zeitweise verlassen – wir öffnen uns für einen echten Dialog[17] und kommen miteinander in Berührung. Wir nehmen nicht mehr nur intellektuell, sondern auch mit der Intelligenz des Herzens wahr. Damit kreieren wir etwas Neues. „Ich sehe Dich".

4. Ebene: Schöpferisches Zuhören

„Jetzt kommt mir ein ganz neuer Impuls". Wir können ganz neue Möglichkeiten für eine Zukunft, die im Entstehen ist, wahrnehmen. Wir werden wahrnehmungsfähig für das, was bisher noch nicht gegriffen werden konnte. Auf dieser Ebene kommt man sich selbst und seinen eigenen Möglichkeiten ein Stück näher. „Ich sehe das größere Bild im Hier und Jetzt".

Im Unternehmensalltag stehen wir permanent unter Zeit- und Termindruck. Dadurch sind wir oft gar nicht in der Lage, wirklich ganz präsent zu sein, also empathisch, oder gar schöpferisch zuzuhören.

Die 13:00-Uhr-Besprechung klingt – zumindest unterbewusst – noch nach, ein wichtiger Termin um 15:00 Uhr macht sich in den Gedanken bereits breit. Dazu kommen noch die E-Mails, die wir zwischendurch checken und die kurzen Telefonate, die wir auf dem Gang zwischen zwei Terminen führen. Kein Wunder, dass wir in der 14:00-Uhr-Besprechung wahrscheinlich nur die Fakten heraushören, die wir ohnehin schon kennen. Bestenfalls achten wir darauf, ob uns neue, ergänzende Erkenntnisse geboten werden, die wir verwenden können. Gelegentlich gelingt uns vielleicht ein wenig Empathie und damit verstehen wir uns bereits ein bisschen mehr.

Wollen wir aber, dass noch mehr möglich ist, brauchen wir Momente des schöpferischen Zuhörens. Wenn Ihnen das gelegentlich einmal gelingt: Alle Achtung! So erstrebenswert es ist, es kann und muss nicht dauerhaft gehalten werden. Gelingt es in einer wichtigen Frage jedoch, zum entscheidenden Zeitpunkt die entscheidende Stimme zu hören, auf die es wirklich ankommt – so sind das die Momente, in denen auf einmal alle gleichzeitig spüren, dass hier gerade etwas Neues entsteht. Theoretisch ist das leicht gesagt:

---

[17] Vgl. dazu Issacs, W. (2002): Dialog – die Kunst gemeinsam zu denken, ehp Köln, 2. Auflage

- die entscheidenden Impulse werden gehört und als solche erkannt
- auf dieser Basis können sich die eigenen, von innen herauskommenden Gedanken aufbauen
- so kann Neues geschaffen und in die Welt gebracht werden

In der Umsetzung eine große Herausforderung, die sich aber lohnt. Denn indem Sie schöpferisches Zuhören fördern, machen Sie einen weiteren Schritt hin zum wertvollen Arbeitgeber. Plötzlich geht es in Meetings nicht mehr um Selbstdarstellung und Revierverteidigung, sondern um die Sache. Da zählt jeder Beitrag, ganz gleich, von wem er kommt und damit melden sich auch eher schüchterne Stimmen zu Wort. Damit ist viel gewonnen: echte Wertschätzung und das gemeinsame Engagement für die gleichen Ziele.

Jeder kennt das Gefühl, in der Zusammenarbeit festzustecken, sich verhakt zu haben. An diesem Punkt hilft kein Aktionismus mehr und ist er auch noch so fachlich fundiert. Auch kein verzweifeltes, vom eigenen Terminkalender angetriebenes Brainstorming. Genau diese Stellen, diese Schmerzpunkte sind es, die den Boden bereiten, auf dem ganz neue Einsichten, Erkenntnisse und Lösungsmöglichkeiten entstehen können. Lassen Sie sich darauf ein, halten Sie einfach mal still, konzentrieren Sie sich voll auf die Fragestellung, hören Sie auf das, was in Ihrem Kopf entsteht und teilen Sie es dann mit den Beteiligten.

Probieren Sie es doch einmal. Wenn Sie das nächste Mal das Gefühl haben, keinen Schritt mehr voranzukommen: Inspirieren Sie zu einer Schweigezeit, zum Innehalten. Je nach Fragestellung kann es sogar sinnvoll sein, alle Beteiligten für eine halbe Stunde mit der Aufgabenstellung auf einen Spaziergang zu schicken (doch, das ist auch Arbeit!). Nach der Rückkehr setzen Sie sich zusammen und sprechen miteinander. Jeder kommt zu Wort und sagt, der Reihe nach, was in ihm in dieser Zeit vorgegangen ist. Lassen Sie dem, der spricht, Ihre ungeteilte Aufmerksamkeit zukommen. Gegebenenfalls kann es nützlich sein, demjenigen ein Symbol (z. B. einen Stein) in die Hand zu geben,[18] damit jeder sieht, wer an der Reihe ist. Machen Sie ruhig zwei oder drei Runden, um weiterer Gedanken und Impulsen Platz zu schaffen und ermutigen Sie dazu, alles auszusprechen, auch wenn es zunächst scheinbar gar nicht direkt zu der Fragestellung passt. Irgendwann platzt der Knoten, gibt es den entscheidenden Impuls – und plötzlich wissen alle, wie es weitergeht.

Ein Kreativteam in einer Werbeagentur grübelt schon seit Stunden verzweifelt über die Gestaltung eines Plakats nach, das in allen Filialen einer Bank ausgehängt werden und die Kontoinhaber über ein neues Kreditmodell informieren soll. Die Crux: Mit dem Plakat sollen wirklich alle Kunden der Bank angesprochen werden – Schüler und Hausfrauen, Geschäftskunden, Berufstätige, Rentner … Wünsche und Träume auf dem Plakat

---

[18] Ursprünglich der Idee nach eine indianische Taktik namens „circle work". Ziel ist, in einer Runde alle Stimmen ausgewogen zu hören zu bekommen – also Selbstdarsteller zu beschränken und leisen Stimmen zu Wort zu verhelfen.

abzubilden, fällt also erst einmal aus, dazu sind die Zielgruppen zu verschieden. Natur-
oder Tierbilder sind auch keine Alternative, denn die CI-Guidelines der Bank schreiben
vor, dass immer die Zielgruppe abgebildet werden muss. Auch in der Gestaltung der Head-
line sind die Kreativen eingeschränkt, denn es muss auf jeden Fall ein emotionales Wort
mit einem B darin vorkommen, wobei das B aber nicht der erste Buchstabe des Wortes sein
darf.[19] Das Team ist ziemlich am Ende, es ist inzwischen auch schon recht spät geworden
und der Präsentationstermin rückt immer näher. Ein Praktikant geht Pizza holen. Als alle
friedlich vor sich hinmampfen, betrachte er ein paar Zettel und murmelt zwischen zwei
Bissen: „Also wenn ich mir meine Kontoauszüge so anschaue, frage ich mich schon, was
das hier so bringt … " Ein älterer Kollege hört sofort auf zu kauen, schaut den Praktikanten
an und ruft: „Mann, das isses … " In der Runde sind noch ein paar verständnislose Blicke,
aber dem ein oder anderen dämmert es schon: „Du meinst … kein Plakat?" „Genau! Wir
nutzen die Kontoauszüge, um das neue Produkt zu bewerben" „Dann wissen wir, wen wir
ansprechen, können direkt … " Was gerade noch einem Trauermahl glich, hat sich binnen
Sekunden in einen summenden Bienenstock verwandelt …

Ein Verlangsamen zu Beginn, kann am Ende die Lösungsfindung beschleunigen und
diese wird dann auch von allen Beteiligten getragen, denn: Jeder wurde ernst genommen
und gehört, jeder war und ist aufgefordert, alles was ihn bewegt, offen auszusprechen und
fühlt sich damit wertgeschätzt – genau das, was jeder von uns möchte.

So betrachtet bekommen Kreis-Spielchen mit Wattebäuschchen, wie solche Gesprächs-
runden heute noch häufig wahrgenommen werden, eine ganz neue und plötzlich wirtschaftlich relevante Bedeutung.

3.5   Zuerst ich, dann Du – Eigeninteresse, Zusammenarbeit, echte Co-Laboration

Eigentlich *wollen* wir Menschen zusammenarbeiten. In einem Team, einem Verbund von
Menschen gemeinsam etwas erreichen, gestalten, voranbringen. Was steht uns im Weg?
Das Ego. Jeder hat eines und jeder strebt danach, es zu füttern. Aber es kann zu einem
echten Hemmschuh werden, wenn es darum geht, wirklich zu Co-Laborieren. Denn mit
lauter individuellen (Ego-) Zielen wird es schwierig, einen gemeinsamen Weg zu gehen.

Mal ehrlich: Wie viele erfolgreiche Menschen – insbesondere in der Wirtschaftswelt,
aber auch in anderen gesellschaftlichen Bereichen wie Politik, Forschung, Journalismus,
Sport, Kunst, … – kennen Sie, die in ihre Position gekommen sind, weil sie sich mit
all ihrem Potenzial einem höheren Ziel verschrieben haben? Welcher Manager, welche

---

[19] Wenn Sie das für an den Haaren herbeigezogen halten: Schauen Sie sich die CI-Guidelines gerade
großer Konzerne einmal genau an, Sie werden sehen, die „kreative Freiheit" ist hier zum Teil noch
viel stärker reglementiert als hier dargestellt.

Führungskraft, welcher Unternehmer verfolgt ausschließlich das Ziel, sinnvolle Lösungen für Kunden zu finden, um deren Leben und Arbeiten besser oder leichter zu gestalten, um einen Mehrwert zu erzeugen, der über das wirtschaftliche Eigeninteresse hinausgeht? Was treibt diese Menschen an? Es geht ums Geld verdienen und Sicherheit. Aber eben nicht nur. Gerade in einer Zeit, in der Likes und Follower gesellschaftlich relevante Werte sind, in der Selbstoptimierung und Selbstvermarktung quasi erste Bürgerpflicht sind, geht es (auch) um Macht, Anerkennung, Prestige kurz: ums Ego.

Das ist erst einmal gar nicht weiter problematisch. Denn ohne Ego keine Individualität. Und Individualität ist Voraussetzung dafür, dass im Zusammenspiel im Team oder im Unternehmen einzigartige Lösungen entstehen. Wichtig ist jedoch, *wie* Individualität eingesetzt wird. Zusammen arbeiten heißt, ein gemeinsames Ziel zu verfolgen. Was wir jedoch finden, wenn wir uns in Unternehmen umsehen, sind viele äußerlich wenig individuelle Rollen- und Funktionsträger, die ihre ganz eigenen „Hidden Agendas" verfolgen, ohne Rücksicht auf das gemeinsame Unternehmen.

Der Geschäftsführer beispielsweise, der seine Entscheidungen auf der Basis trifft, den Anteilseignern zu einem bestimmten Stichtag ein planungsgemäßes Ergebnis vorlegen zu können (weil sein Gehalt, seine Position oder sein Verbleib in der Firma davon abhängt), handelt aus seinem Ego heraus und nicht im Sinne der Firma. Ein strukturell bedingter Egoismus. Wäre der Shareholder Value kein goldenes Kalb, würden Budgets nicht nach den Vorjahresausgaben bemessen, sondern nach dem, was wirklich nötig ist, würden nicht Einzel-, sondern Teamleistungen gratifiziert, hätten wir schon eine ganze Reihe weniger Hidden Agendas.

Oder sei es der Kollege, der die Leitung für ein Projekt übernimmt, obwohl er weiß, dass andere im Team – aufgrund von Persönlichkeit, Sach- oder Fachkenntnis – diese Rolle besser ausfüllen könnten, er sich aber aufgrund der unternehmensweiten Sichtbarkeit des Projekts einen Schub für die eigene Karriere verspricht.

Mit anderen Worten: Das Ego kann uns zu Höchstleistungen anstacheln. Ob es im Sinne eines gemeinsamen Ziels eingesetzt wird und damit positiv wirken kann, ist abhängig von der Fähigkeit, sich dabei auch mit dem gemeinsamen Ziel zu identifizieren und sich frei von Hintergedanken dafür zu engagieren, ohne Macht auszuüben oder andere zu manipulieren.

Das heißt: Solange die *eigentlichen* Ziele der Menschen im Verborgenen bleiben und nicht mit denen des Teams oder des Unternehmens einhergehen, gelingt keine echte Zusammenarbeit.

Voraussetzungen[20] für eine erfolgreiche Kollaboration, die ihren Namen auch verdient, sind, dass

---

[20] Angelehnt an das Conscious Business Institute (CBI), „Culture & Leadership Program", Modul 2: „Fullfilling Relationships and Great Teams"

- alle eine gemeinsame Unternehmensausrichtung verfolgen und dahinterstehen.
- die Arbeitsumgebung sicher und stabil ist.
- das Commitment zur Unternehmensausrichtung Conditio sine qua non für die Mitgliedschaft im Team/Unternehmen ist.
- jeder Einzelne Verantwortung dafür übernimmt, seine Aufgaben im vereinbarten Rahmen zu erledigen – das schließt auch ein, die eigenen Grenzen zu erkennen und sich bei Bedarf frühzeitig Unterstützung zu holen.
- ein Bewusstsein dafür besteht, dass jeder Mensch ein Ego hat und sich ein wertschätzender und offener Umgang damit entwickelt.
- alle Menschen, die gemeinsam an einem Ziel arbeiten, nicht nur akzeptieren, dass jeder Mensch anders ist, sondern auch lernen, diese Vielfalt zu schätzen und im Sinne des Unternehmensziels einzusetzen, bspw. ein Konsens gefunden wird, wer für welche Aufgabe/Rolle am besten geeignet ist.
- Menschen, die zusammenwirken, ihre eigenen Spielregeln finden, die als Grundlage der Zusammenarbeit für alle bindend, aber nicht starr, sondern jederzeit anpassbar sind.

Dieser Art der Zusammenarbeit, dieser echten Kollaboration, stehen häufig starre, traditionelle Team- und Unternehmensstrukturen im Weg. Durch Matrixorganisationen oder parallel zur hierarchischen Struktur gegründete Projektorganisationen wird bereits in vielen Unternehmen versucht, diese Strukturen zu durchbrechen. Einige Organisationen gehen hier, wie wir später noch sehen werden, schon ein ganzes Stück weiter.

3.6   Konflikte – ja bitte

Falls Sie glauben, dass gelingende Zusammenarbeit absolut harmonisch und völlig konfliktfrei verläuft – weit gefehlt! Schließlich sind wir nur Menschen, und selbst, wenn wir alle Gedanken und Spielregeln verinnerlicht haben, wird es uns nie ganz gelingen, uns immer und in jeder Situation daran zu halten. Das muss auch gar nicht sein. Zumal Konflikte nicht per se destruktiv sind, ihnen kann durchaus auch eine positive, verändernde Kraft innewohnen. Entscheidend ist, wie wir damit umgehen, und das hängt von der Schärfe des Konfliktes ab.[21]

Offene, vor allem aber nicht ausgetragene Konflikte gehören zu den zentralen Bremsern und Spaßverderbern in unserem Arbeitsalltag. Darüber sind sich eigentlich alle im Klaren. Mit Teamentwicklungs-Workshops, Vorträgen über gewaltfreie Kommunikation nach Rosenberg etc. bekommt das Thema durchaus Aufmerksamkeit, vor allem in größeren Organisationen. Was vielfach fehlt, ist eine ganzheitliche Betrachtung. Techniken

---

[21] Verschiedene Quellen und Erfahrungen legen nahe, dass der Konflikt- und Friedensforscher Friedrich Glasl mit seinem neunstufigen Modell zur Konfliktanalyse wichtige Impulse gibt, daher der Hinweis auf Glasl, Friedrich:„Konfliktmanagement. Ein Handbuch für Führungskräfte, Beraterinnen und Berater" (2013)

und Tools zum Umgang mit Konflikten haben ihren Sinn und Zweck, sie sind wichtig und richtig. Aber warum nicht einen Schritt früher ansetzen? Bei, ja, Sie ahnen es: der grundsätzlichen Haltung? Auch im Umgang mit Konflikten geht es darum, richtig wahrzunehmen und zuzuhören, offen zu sein und Mut zu haben.

Konflikte sind auch etwas Positives. Denn sie bieten uns die Möglichkeit, eine ganze Menge zu lernen, über uns selbst und über andere. Konflikte eröffnen uns neue Perspektiven und sind damit für die Entwicklung einer Organisation enorm wichtig und hilfreich. Statt Konflikte als Störfaktoren zu betrachten, können wir sie als willkommene Möglichkeit, Beziehungen zu stärken und Qualität zu steigern, begrüßen.

Der Gründer des Conscious Business Instituts in Kalifornien, Peter Matthies, sagt dazu folgendes: „Eigentlich ist ein Konflikt *die* Chance herauszufinden, was der andere braucht und was wirklich in ihm vorgeht. Gleichzeitig hilft er, ein tieferes Verständnis für die eigenen Bedürfnisse zu entwickeln. Durch Konflikte lernt man also, sich und andere (besser) zu verstehen. Dadurch können Beziehungen eine höhere Qualität bekommen, abhängig davon, wie groß der Raum ist, in dem Konflikte angesprochen und ausgetragen werden können.[22]

Empathisches Zuhören ist ein erster Schritt, um das Verhalten und Bedürfnisse des Gegenübers zu verstehen. Um sicherzustellen, dass Sie richtig verstanden haben, können Sie beispielsweise zurückreflektieren, was Sie gehört haben. So entsteht Vertrauen. Denn schlussendlich, so Matthies weiter, gilt *„Alles, was Menschen wollen ist, mit ihren Bedürfnissen gehört oder gesehen zu werden."* Wenn Sie diesen Satz verinnerlichen, sind Sie in der Lage, die Menschen um sich herum mit ihren Anliegen wahrzunehmen. Damit nehmen Sie ihnen die Notwendigkeit, um ein Gesehen-werden kämpfen zu müssen. Das entspannt und es setzt kreative Kräfte frei.

Wichtig: Das heißt nicht, dass Sie es allen recht machen oder in Beziehungen/ Teams/Unternehmen bleiben müssen, die Ihnen nicht gut tun. Die zentrale Frage lautet: Ist mein Gegenüber genau wie ich grundsätzlich bereit, (auch) meine, Bedürfnisse zu hören und auf sie einzugehen? Ist das nicht der Fall, ist es für alle sinnvoller, ihre Energien woanders einzusetzen, nämlich dort, wo sie sich zielgerichtet entfalten können.

Auch beim Umgang mit Konflikten gilt es, dem Thema, das sich gerade zeigt, Raum und Zeit zu geben. Selbst wenn der Terminkalender noch so voll ist. Schieben Sie Konflikte nicht auf die lange Bank, sondern tragen Sie sie unmittelbar, mutig, offen und direkt mit der Person aus, mit der sie bestehen. Sie werden sehen, dass Sie damit einen enormen Beitrag zu Beruhigung des Flurfunks leisten, neue Energien freisetzen und über kurz oder lang einen entspannteren Terminkalender haben werden. Vielleicht werden Sie sogar besser schlafen, weil Sie sich nicht mehr mit (unausgesprochenen) Konflikten und (mikro-)politischem Taktieren herumwälzen müssen. Und damit wäre wirklich viel gewonnen, oder?

---

[22] Aus CBI: „Culture & Leadership Program", Modul 2: „Fullfilling Relationships and Great Teams"

3.7 Präsent sein

Lassen wir die bisherigen Ansätze einmal wirken. Was haben sie gemeinsam? Sie erfordern das Surfen, das „gehen mit dem, was gerade da ist". Warum ist das so schwer? Weil wir in vielen Momenten in der Arbeit/in unserem Leben nicht voll und ganz da sind, wo wir sind. Können Sie spontan sagen, wann Sie zuletzt wirklich voll bei einer Sache waren? Bestimmt wissen Sie, was es für einen Unterschied macht, wenn Sie ganz und gar im Hier und Jetzt, im Flow sind. Die gute Nachricht ist: Präsent-Sein kann man üben. Unter anderem mit Achtsamkeitstrainings, die sich zunehmender Beliebtheit, auch in Unternehmen, erfreuen. Achtsamkeit, ist das nicht etwas Esoterisches? Spannend ist, dass genau dieser Punkt vielfach Zweifel, ja Unbehagen auslöst. Wo liegt die Grenze zwischen der in der Businesswelt weithin anerkannten, ja geforderten Self-Optimization und einer (vermeintlich) esoterischen Persönlichkeits- bzw. Bewusstseinsentwicklung? Oder ist beides das Gleiche, nur die Verpackung eine andere? Schwer zu sagen, bei der Vielzahl an Angeboten. Aus unserer Sicht auch nicht wirklich relevant. Fakt ist, dass immer mehr Menschen zu dem Schluss kommen, je schneller die Welt und die Veränderungen darin werden, desto wichtiger ist die Fähigkeit, zu verlangsamen, den Lärm um sich herum auszuschalten, sich zu zentrieren, zu sich selbst zu kommen, um dem Wandel konstruktiv zu begegnen, die Möglichkeiten, die er bietet zu erkennen und ihn aktiv mitzugestalten.

3.8 Es geht um einfache Dinge – aber *einfach* ist nicht gleich *leicht*

Eigentlich ist es ganz einfach, das Arbeitsleben für alle lebenswerter zu machen. Wir müssen einander nur besser zuhören, empathischer, offener und authentischer sein. Doch was sich so einfach sagt, ist zum Teil recht weit entfernt von aktuell gültigen wirtschaftlichen und unternehmerischen Grundsätzen. Es erfordert ein Umdenken, das Erlenen und Einnehmen einer neuen Haltung. Quick Wins sind so nicht zu machen.

Lassen Sie sich davon nicht entmutigen. Denn wenn Sie genau hinsehen, gewinnen Sie schon bei jedem kleinen Schritt, denn Sie tun etwas und setzen etwas in Gang – für sich und für andere.

Das weitreichend bekannte und vielfältig verwendete, auf Freud zurückgehende Eisbergmodell besagt je nach Quelle: Nur 10–20 % unserer Handlungen sind bewusst gesteuert. Alles andere passiert unterhalb der Oberfläche. Und genau an diesen übrigen Prozenten gilt es zu arbeiten. Dafür werden Sie einiges vom Kopf auf die Füße stellen. Dass das Zeit braucht und auch auf Skepsis und Widerstände stößt, ist doch klar.

Aber es lohnt sich. Denn es sind vor allem die zwischenmenschlichen Aspekte, die den Unterschied machen, wenn es darum geht, als wertvoller Arbeitgeber wahrgenommen zu werden und Talente langfristig an ein Unternehmen zu binden. Es ist eine langsame aber stetige Entwicklung, dass Themen, die bisher dem Philosophieren, Fantasieren und Idealisieren im engeren Freundes- und Vertrautenkreis vorbehalten waren, jetzt auch in der Geschäftswelt an Beachtung gewinnen. Ganz im Sinne des fröhlich-provokativen „Why not" der GenY.

Bleibt also festzuhalten: Es sind *einfache* Dinge, die ausschlaggebend sind, ob Mitarbeiter in der für die Arbeit reservierten Zeit ihr volles Potenzial einbringen können und möchten. *Einfache* Dinge entscheiden darüber, ob sich Mitarbeiter voll auf die Arbeit, das einzelne, auch mal ungeliebte Thema konzentrieren können, statt ihre Energie in Ärger, Frust oder sonstige Nebenkriegsschauplätze umzuleiten, während sie innerlich schon gekündigt haben.

Diese einfachen Dinge zu erreichen ist aber alles andere als leicht. Im Gegenteil: Es ist die wohl größte Aufgabe, die man sich stellen kann. Und gleichzeitig: die lohnenswerteste!

Wenn es Ihnen nachvollziehbar erscheint, dass Empathie, Authentizität und Ganzheitlichkeit Schlüsselfaktoren dafür sind, als Person/als Team/als Unternehmen einen Spirit auszustrahlen, der Sie für die passenden (ACHTUNG: passend ist nicht gleich die nach Noten oder anderen klassischen Standards besten!) Mitarbeiter für sich gewinnen zu können, finden Sie im Folgenden einige Beispiele, Modelle und Wege, mit denen Organisationen heute bereits in der Praxis arbeiten. Es gibt Menschen, die sich der Aufgabe der ganzheitlichen Veränderung bereits stellen. Und inzwischen auch (Weiter-) Bildungseinrichtungen, wie z. B. die staatlich anerkannte, private Alanus Hochschule[23] die sich darauf einstellen, dass zukünftig etwas anderes als das ewig gleiche Höher-Schneller-Weiter gebraucht wird.

> **Für den Hinterkopf**
> Wertvoller Arbeitgeber werden ist ein *Prozess* mit dem Ziel, eine *eigene* Richtung zu finden, die alles, was da ist, miteinander in Einklang bringt. Dafür sind nicht nur Fakten, sondern auch die *Intuition* der Menschen in der Organisation gefragt. Es geht darum, eine *gemeinsame Ausrichtung* zu entwickeln, keine Masterpläne, Meilensteine o. ä., denn es gibt keine Zielgerade und kein „fertig". Dieser Prozess braucht *Zeit* – auch, um die *Wahrnehmung* bewusst zu schärfen, sich gegenseitig *wirklich zuzuhören* und einen tieferen Blick darauf zu werfen, worum es *eigentlich* geht.
> In einer wertvollen Organisation arbeiten die Menschen in echter *Kollaboration* zusammen. Sie stellen sich *Konflikten*, und nutzen sie zur Vertiefung ihrer Beziehung untereinander. Sie sind *präsent* und bereit, sich mit dem *Unbewussten* auseinanderzusetzen. Kurz, es sind ganz einfache Dinge, die einen wertvollen Arbeitgeber/eine wertvolle Organisation ausmachen – sie sind jedoch alles andere als leicht.

Lassen Sie uns die Orientierung an KPIs, vor allem das permanente Wachstumsstreben, einfach einmal über Bord werfen.

---

[23] der bekannte, anthroposophisch geprägte Unternehmer Götz Werner (dm-drogeriemarkt-Kette) hat dort eine Gastprofessur inne.

Modelle für eine neue Arbeitswelt in Wissenschaft und Praxis: von Change Management bis Conscious Business

4

Veränderung und Wandel von Organisationen sind in Wissenschaft und Forschung schon lange ein Thema, gewinnen aber aktuell an Masse und Bedeutung, sichtbar an der fast täglich wachsenden Zahl an Angeboten. In den letzten Jahren hat sich vor allem der Blickwinkel verändert, unter dem der Mensch betrachtet wird. Während die früheren Ansätze eher den Führungskräften vermittelten, was zu tun ist und wie die Mitarbeiter ticken und optimiert werden müssen, rückt heute in Zeiten von Ownership-Kultur der Beitrag des Einzelnen und das Mensch-sein – hierarchieunabhängig – zunehmend in den Vordergrund.[1] Auf den nächsten Seiten geben wir Ihnen einen kleinen Überblick über aus unserer Sicht zentrale Ansätze und Veränderungen bis heute.

4.1 Change-Management in den 90er Jahren

Der „Wind of Change", der Anfang der 90er Jahre durch die politische Landschaft blies, machte auch vor der Wirtschaft nicht halt. Hohe Aufmerksamkeit erfuhr das Werk von John P. Kotter „A Force for Change" (1990). Kotter fand heraus, dass die meisten Veränderungen bereits in ihrer Anfangsphase scheitern und identifizierte, aufbauend auf dem (eher unternehmensintrovertierten) Veränderungsmanagement von Kurt Lewin,[2] acht Phasen, die seiner Meinung nach für ein erfolgreiches Veränderungsmanagement notwendig sind[3]:

---

[1] Wobei es im Business-Kontext noch nicht etabliert zu sein scheint, mehr über den Menschen, als über Systeme zu sprechen – erst kürzlich rechtfertigte sich auf einer „New-Work"-Veranstaltung ein Management-Berater dafür, dass der Abend „nur weiche" Faktoren behandelt und keine neuen Methodenkenntnisse bringen wird.

[2] Lewin (1890–1947) unterscheidet in die Phasen „auftauen-bewegen-wiedereinfrieren"

[3] Wikipedia-Eintrag „Veränderungsmanagement: Phasen des Veränderungsprozesses nach John P. Kotter

© Springer Fachmedien Wiesbaden GmbH 2018
K. Eissfeldt, C. Jaeger, *So wird Ihr Unternehmen zum wertvollen Arbeitgeber*,
https://doi.org/10.1007/978-3-658-15549-0_4

- Gefühl der Dringlichkeit vermitteln
- Führungskoalition aufbauen
- Vision und Strategie entwickeln
- Vision kommunizieren
- Hindernisse aus dem Weg räumen
- Kurzfristige Erfolge sichtbar machen
- Veränderung weiter antreiben, nicht nachlassen
- Veränderungen in der (Unternehmens-)Kultur verankern

Laut einer Price Waterhouse Coopers-Studie aus dem Jahr 2013 erreichten 83 % der Unternehmen, die einen Change-Management-Ansatz konsequent umgesetzt haben, die meisten ihrer Veränderungsziele, während es ohne Change-Management nur 39 % gelang.[4] Eine Erfolgsbilanz also – ob dabei von nachhaltigem Erfolg die Rede sein kann, hängt natürlich auch davon ab, was als Veränderungsziel definiert wurde.

Die acht Phasen dienen Führungskräften und Change-Managern als Leitfaden für ihr Handeln und haben in der Unternehmenslandschaft einiges in Gang gesetzt – mit unterschiedlichen Auswirkungen. Mit dem Wissen und den Erfahrungen von heute rückt die Frage in den Vordergrund, was ein Change dem Unternehmen überhaupt bringt – und welche Auswirkungen ein Change auf das Unternehmen und seine Mitarbeiter hat.

Denn ein zentraler Knackpunkt des Change-Managements ist wohl der teilweise starke Widerstand innerhalb der Belegschaft, Wandel überhaupt vollziehen zu *wollen*. Und das liegt vor allem in den von Mensch zu Mensch unterschiedlichen Vorstellungen von Wandel. Heute steht zunehmend die Frage im Raum, wie es gelingt, die Menschen mitzunehmen bzw. aktiv am Wandel zu beteiligen. Dem Ansatz des Change-Managements liegt weder ein Konzept zum Umgang mit unterschiedlichen Vorstellungen zugrunde, noch wird hinterfragt, ob und inwieweit Veränderung überhaupt gewollt oder verkraftet wird. Doch es sind eben diese weichen Faktoren, die den (nachhaltigen) Erfolg eines jeden Vorhabens bestimmen, sei es auch noch so gut geplant, durchdacht und konzeptioniert. Mit anderen Worten: Ein echter Wandel lässt sich nicht Top-Down verordnen.

Damit sind wir wieder zurück beim Menschen. Und bei der Notwendigkeit, die Dinge aus einer anderen Perspektive zu denken: nicht die Menschen den Systemen anpassen zu wollen. Sondern mit den Menschen, die da sind, das System zu gestalten. In dem sie das Beste aus ihren Talenten und Fähigkeiten machen können.

Dieser Gedanke, Bedürfnisse, Eigenheiten und Verhaltensweisen von Menschen einzubeziehen und Dinge ganzheitlicher zu denken, ist in den Grundzügen (fast) zeitgleich mit dem Ansatz von Kotter entstanden. Die Rede ist von der lernenden Organisation, die vielen von Ihnen sicherlich ein Begriff ist.

---

[4] Change Management: Kurt Lewins 3-Phasen-Modell, Auf digitaler-mittelstand.de (2015)

4.2 Die lernende Organisation

Häufig findet sich im Anforderungsprofil von Stellenanzeigen die Formulierung „Bereitschaft zu lebenslangem Lernen". Tatsächlich sind Organisationen, in denen das mehr als eine leere Floskel ist, jedoch noch selten. Lassen Sie uns daher einmal etwas genauer auf die Idee der lernenden Organisation blicken:

Eines der renommiertesten Forschungszentren, das sich mit der Bedeutung des Menschen im organisationalen Kontext befasst, ist die MIT Sloan School of Management in Cambridge, Massachusetts, USA.[5] Zahlreiche Management-Vordenker entstammen dieser Schule, so z. B. neben bereits erwähntem C.O. Scharmer auch Peter Senge. Er gilt als Begründer der „lernenden Organisation". Er identifiziert sieben *Lernbeschränkungen*, die das kontinuierliche Lernen in einer Organisation behindern sowie neun *Systemarchetypen*, die man kennen und im Blick haben sollte, will man sich ernsthafterweise dahin entwickeln.

Was Ihnen schon zuvor in der ein oder anderen Form begegnet ist – Senge[6] benennt folgende:

Lernbeschränkungen

Ich-bin-meine-Position-Syndrom Gemeint ist damit der berühmte Tellerrand, über den eben nicht hinausgesehen wird. Statt den Beitrag, den sie zum Erreichen eines Organisationsziels leisten, zu benennen, zählen Menschen, wenn sie nach ihrer Arbeit gefragt werden, in den meisten Fällen nur Aufgaben aus ihrem Mikrokosmos auf, ihre täglichen ToDos. Wem jedoch der Blick für das Ganze fehlt, dem bleibt nichts anderes übrig, sein Engagement auf bloßes Abarbeiten zu beschränken. Interessanterweise scheint dieser Scheuklappenblick auch in vielen HR-Abteilungen vorzuherrschen. Wie sonst lassen sich Stellenanzeigen und -beschreibungen erklären, die sich auf ein stichpunktartiges Herunterrattern von (zumeist generischen) Aufgaben beschränken?

Der-Feind-ist-da Syndrom Wer nicht sieht, welchen Beitrag er für ein größeres Ganzes leistet, wird nur schwerlich erkennen, welche Möglichkeiten er selbst hat, um etwas zu verändern. Statt Probleme engagiert anzugehen, wird die Verantwortung dafür bei anderen gesucht: bei anderen Personen, anderen Abteilungen, beim anderen Marktteilnehmern, beim (internationalen) Wettbewerb, bei der weltwirtschaftlichen und weltpolitischen Großwetterlage oder … Kurz, man ist taten- und ideenlos, denn wer einem das Leben schwer- oder leichtmachen kann, sind: die anderen.

---

[5] Aus dieser führenden Business School gingen Prominente hervor, die in der Vergangenheit Wirtschaftsgeschichte geschrieben haben wie z. B. Samuelson, Modigliani, Solow. Absolventen waren auch Kofi Annan, Benjamin Netanjahu oder William C. Ford.

[6] Angelehnt an die Zusammenfassung der lernenden Organisation, auf panview.nl

Die Illusion von Handlung Wer – ggf. auch unbewusst – die Ursache bei anderen sucht, kann nicht proaktiv handeln oder gestalten. Er reagiert nur auf (vermeintliche) Zwänge. Wer aber bloßes Reagieren mit Aktivität verwechselt, ist in seiner Fähigkeit zu lernen extrem eingeschränkt.

Der Veranstaltungs-Fokus Lernen, Teambuilding und kontinuierliche Verbesserung sind keine punktuellen Ereignisse und auch keine linearen Prozesse. Daher sollten sie als feste Bestandteile ins tägliche (Arbeits-) Leben integriert sein. Viel zu oft werden sie davon losgelöst, bekommen sie einen festen Rahmen und einen festen Start- und Endtermin, als Seminar, als Projekt, als Task Force oder, oder, oder.

Gekochter-Frosch Syndrom Stellen Sie sich einen Frosch in einem Topf vor, in dem das Wasser langsam wärmer wird. Der Frosch sitzt nur da und glotzt vor sich hin, während die Wassertemperatur kontinuierlich steigt. Der Frosch nimmt die graduellen Veränderungen durchaus wahr, es ist ein bisschen unangenehm, aber man kann damit leben, also sieht er keinen Grund, sich zu bewegen. BÄNG! Plötzlich ist das Wasser kochend heiß, der Frosch hat keine Chance mehr, zu entkommen, er wird innerhalb kürzester Zeit gegart. Was Senge damit sagen will? Keiner weiß, welcher Tropfen das Fass zum Überlaufen bringt, bzw., um im Bild zu bleiben, welches Milli-Grad zu viel für den Frosch ist, deshalb ist es wichtig, auch kleinste Veränderungen wahrzunehmen und proaktiv mit ihnen umzugehen.

Die Illusion des Lernens aus Erfahrungen Wie oft wissen wir wirklich, welche Auswirkungen unsere Handlungen langfristig haben? Eben: Eher selten. Wie soll es daher für uns möglich sein, aus Aktionen in der Vergangenheit die richtigen Schlussfolgerungen für die Zukunft zu ziehen, zumal in einer Welt, die VUCA ist?

Der Management-Mythos Die Vorstellung, das Management trüge allein sämtliche Verantwortung und müsse Antworten auf alles haben, ist noch zu fest in den Köpfen verankert. Dazu, dass sich dieser Mythos so hartnäckig hält, tragen beide Seiten – Management und Belegschaft – gleichermaßen bei. Tatsächlich ist es unmöglich für das Managementteam, für jedes Problem eine Lösung zu wissen, zumal wenn Probleme vielfach nicht klar artikuliert, sondern nur geflurfunkt werden. Ergo: Jeder in einer Organisation ist (mit-)verantwortlich für die kontinuierliche Verbesserung und das Lösen von Problemen, nicht nur das Management. Das erfordert aber auch, dass Verbesserungsvorschläge wirklich gehört werden, ganz gleich von wem sie kommen.

„Ach, es könnte so einfach sein", haben Sie das gerade geseufzt? Sie haben recht! Eine geschärfte Wahrnehmung, eine selbstverantwortliche Haltung, die eigene Intuition – eben ein ganzheitlicher Blick auf die Dinge – würde uns hier alle einen gewaltigen Schritt weiterbringen. Aber das ist eben nicht so leicht.

Was es so schwer macht, diese Lernbeschränkungen zu überwinden, begründet Senge mit den

Systemarchetypen

Verzögerung Es braucht eine Zeit, bis (Prozess-)Änderungen ihre Wirkung entfalten, bis Ergebnisse greifbar werden. Diese Verzögerung bringt das Risiko der Übersteuerung ebenso mit sich. Also: Haben Sie Geduld und bleiben Sie gelassen.

Limitiertes Wachstum Man stößt schnell(er) an seine (Wachstums-)Grenzen, wenn man seinen Fokus darauf ausrichtet, Wachstum zu beschleunigen. Wer sich darauf konzentriert, die Ursachen zu identifizieren, die das Wachstum beschränken und diese Beschränkungen konsequent und nachhaltig minimiert,[7] wird langfristig erfolgreicher sein.

Problem-Verlagerung Das kennen Sie! Ist das schmerzhafteste/offensichtlichste Symptom verschwunden, gilt ein Problem als gelöst, der Fall wird abgeschlossen. Aber Sie wissen auch, dass die Ursache bleibt – und früher oder später Auslöser für das gleiche oder ein anderes, vielleicht noch viel schmerzhafteres Symptom ist.

Nachlassende Zielorientierung Wenn die Situation schwierig wird, werden Ziele ausgesetzt – vermeintlich nur temporär, bis sich der Krankenstand verbessert hat, bis die Urlaubszeit vorbei ist, sich die Weltwirtschaft erholt hat … Genau wie Kinder, die sich vor den Hausaufgaben, dem Zimmer-Aufräumen oder dem Zubettgehen drücken, finden sich auch in Organisationen immer wieder gute Gründe, um echte Veränderungen hinauszuzögern – nicht selten so lange, bis die Vision ihre Strahlkraft verliert und statt Change nichts als Verunsicherung übrigbleibt.

Eskalationskreis Dieses Phänomen lässt sich auch im Fußball häufig beobachten. Wenn Mitglieder eines Teams eine kompetitive Grundhaltung haben (z. B., um vom Trainer/ Chef gesehen zu werden), legen sie ihren Fokus, oft unbewusst, darauf, Ihr Ego-Ziel zu erreichen. Damit steigt die Wahrscheinlichkeit, dass es nur Verlierer gibt, da die konkurrierenden Ziele nicht der eigentlichen Aufgabe gerecht werden. Dies kann nur durchbrochen werden, wenn alle auf eine Win-Win-Situation hinarbeiten.

Stärken der Erfolgreichsten Erfolgreiche Vorgehen, Bereiche und Mitarbeiter erhalten mehr Ressourcen, eine natürliche Response. Schließlich macht es mehr Spaß und bringt größere persönliche Befriedigung, an erfolgreichen Aufgaben zu arbeiten als an solchen, die nur wenig Beachtung finden, weil sie (noch) nicht (unmittelbar) erfolgreich sind bzw. wahrgenommen werden. Das macht es schwierig, ein ausgeglichenes System zu schaffen.

Kampf um knappe Ressourcen Er ergibt sich u. a. aus dem eben Gesagten und beschreibt die Gefahr, dass Teams/Abteilungen/Bereiche untereinander in Konkurrenz um Ressourcen (Budget, Personal, Räume, Technologien etc.) treten, statt gemeinsam zu entscheiden, was das Beste für die Organisation ist.

---

[7] Anm. der Autoren: falls Wachstum überhaupt der sinnvolle Weg für die Organisation ist …

Lösungen, die nicht lösen Ähnlich der Problem-Verlagerung: Eine kurzfristige Entscheidung, z. B. Kostenersparnis, wird als Lösung gefeiert, und erst später zeigt sich, dass z. B. durch Qualitätsverlust die Kundenzufriedenheit abgenommen hat.

Wachstum ohne Investition Auch das ist ein bekanntes Phänomen. In Zeiten von Prosperität und Wachstum werden keine/kaum Investitionen getätigt. Warum auch? Dem Unternehmen geht es gut, es werden Gewinne gemacht, alle sind satt und zufrieden. Eigentlich schön. Aber weil alles so gut läuft, wird übersehen, dass einiges auch noch besser laufen könnte. Dass es sinnvoll wäre, in neue Technologien, Weiterbildung und Mitarbeiter zu investieren, um sich auf künftige Entwicklungen einzustellen. Viele Unternehmen verpassen in solchen Lernpausen den Anschluss an den Wettbewerb, manche für immer. Denken wir an Unternehmen wie Kodak, die von der Macht neuer Technologien und Trends kalt erwischt wurden und binnen kürzester Zeit vom Traditions- und Weltunternehmen zum Nobody wurden. „Being Kodaked" ist im angelsächsischen Sprachraum in diesem Zusammenhang zwischenzeitlich zu einem feststehenden Begriff geworden – so lebt das Unternehmen wenigstens als schlechtes Beispiel noch ein wenig weiter.

Natürlich belässt es Senge nicht dabei, die Probleme zu benennen. Er hat auch ein paar Lösungsvorschläge, die sich wie folgt zusammenfassen lassen:

Fünf Prinzipien – die fünfte Disziplin
Vision Die Vision des Unternehmens muss mehr sein als die Anleitung für ein Spiel, das alle nur irgendwie mitspielen. Nur wenn die Vision authentisch ist, fühlen sich alle damit verbunden und lernen aus Überzeugung und eigenem Antrieb in Richtung dieser Vision.

Mentale Modelle Hier geht es um Annahmen und Verallgemeinerungen, die das Handeln jedes Einzelnen von uns bestimmen. Sie müssen reflektiert und offen ausgetauscht werden. Das bedeutet, die subjektive Wahrnehmung bewusst zu machen und an einer geschärften Wahrnehmung, was tatsächlich da ist, zu arbeiten (siehe Leiter der Schlussfolgerungen).

Kontinuierliches und proaktives Lernen Statt Teilnahme an punktuellen und geplanten Lernprojekten und -events, wie bspw. einem zweitägigen Führungskräfteentwicklungstraining oder Teambuilding im Kletterpark, geht es um die Haltung, kontinuierliches Lernen als festen Bestandteil des Arbeitens zu verinnerlichen, das heißt: Klar zu sehen und selbst verdeutlichen zu können, was aus der eigenen Perspektive wichtig und was an (zusätzlichem) Fachwissen und Kompetenzen nötig ist, um anstehende Aufgaben erfolgreich zu bewältigen.

Stattfinden echter Teamarbeit Also Kollaboration, und Team-Lernen statt Herausstellen der individuellen Vorzüge gegenüber anderen und Verteidigen des eigenen Standpunkts. Voraussetzung dafür ist die Bereitschaft, den Blick zu öffnen, um durch die Sichtweise der Kollegen zu lernen, statt sich selbst durchsetzen zu wollen.

Systemisches Denken Für den ganzheitlichen Blick gilt, stets die ganze Organisation und deren Belange im Blick zu haben, statt in seinem (Fachbereichs-)Silo zu sitzen.

Fazit: bereits vor 25 Jahren stellte Senge fest, dass es um die ganz einfachen Dinge geht. Er legt mit dem systemischen Denken eine „fünfte Disziplin"[8] nahe und fordert Strukturen, die einen ganzheitlichen Blick und das Minimieren der Lernbeschränkungen ermöglichen, und in denen ein Bewusstsein über die Systemarchetypen erzeugt wird.

„Jo" werden Sie jetzt vielleicht sagen. „Verstehe ich alles, klingt mir logisch, ABER ..."
Genau! Denn auch wenn wir alles intellektuell durchdrungen und verstanden haben: Es ändert nichts daran, dass wir uns in einer ziemlich verknäulten Lage befinden, mit einem gordischen Knoten konfrontiert sind, in dem jede Aktion an einer anderen Stelle wieder neue Knoten entstehen lässt. Was es braucht um ihn zu lösen?

Um Senge weiterzudenken, lautet die nächste Frage: Wie können wir an die fünfte Disziplin überhaupt herankommen? Eine mögliche Antwort findet sich im Führungsansatz, der so genannten sozialen Grammatik von C.O. Scharmer: der Theorie U.[9]

4.3   Die Theorie U

Angetrieben von den bereits erwähnten drei Spaltungen des Menschen (den „three divides": ecological, social, spiritual) forscht Scharmer seit vielen Jahren daran, welcher Beitrag zur Bewältigung der globalen Herausforderungen notwendig ist. Aufgrund der Bedeutung, die die Ökonomie in unserer Gesellschaft hat, sieht er eine Notwendigkeit darin, dass sich gerade Führungskräfte diesen Fragen stellen.[10] Er teilt seine Ideen und Ansätze freizügig mit dem Wunsch und der Hoffnung, dass sie auf breiter Basis in die Welt kommen, weitergedacht, überprüft und weiterentwickelt werden. Vor dem Hintergrund, dass die Menschen mit ihrem Wirken die Welt gestalten und den heutigen Herausforderungen nur gerecht werden, wenn etwas Neues, noch nie Dagewesenes erschaffen wird, sieht er den Schlüssel darin, dass jeder Mensch und jedes System an ihre jeweils höchsten Möglichkeiten herankommen. Das geht aber, so Scharmer, nur, wenn man den eigenen blinden Fleck, den „Blind Spot of Leadership" erforscht, sich also bewusst wird, woher („aus welcher Quelle") die eigenen Handlungen entspringen und von diesem Ort aus an der Neugestaltung mitwirkt.[11]

---

[8] Vgl. Senge, 2011

[9] Vgl. Scharmer: Theorie U – von der Zukunft her führen (2014)

[10] Unter anderem leitete Scharmer auch ein weltweites Online-Projekt mit über 28.000 Menschen, um sich nationalitäten- und kulturübergreifend den Fragestellungen und Herausforderungen dieser Welt zu stellen – jeder mit seinen individuellen, authentischen Gedanken. Vgl. https://uschool.presencing.com/

[11] vgl. C.O. Scharmer, Habilitation: The blind spot of Leadership – Presencing als a social technology of freedom, April 2003 auf www.ottoscharmer.com

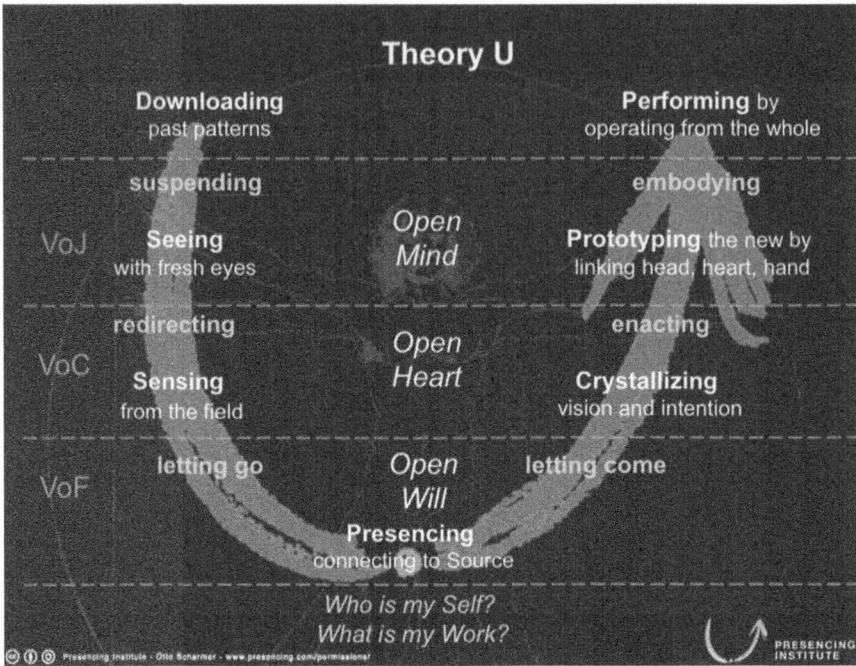

Abb. 4.1 Scharmer, C. Otto: Die Theorie U, siehe https://www.presencing.com/principles

Mit der Theorie U hat er ein Gerüst, eine Führungsmethode und einen „way of being" (Scharmer) entwickelt, um sich selbst, bzw. dem Kern einer jeden Fragestellung – also dem, worum es eigentlich wirklich geht – systematisch zu nähern (siehe Abb. 4.1).

Durch den U-Prozess kann auf dem Weg einer Veränderung für jede Fragestellung eine tiefere Ebene angesprochen werden. Daher eignet sich das Modell sowohl zur Arbeit mit einzelnen Personen (als Coaching-Tool) wie auch mit ganzen Teams und Abteilungen, oder sogar, wie von Scharmer selbst aufgezeigt, als Online- oder Live-Großgruppenformat. Inzwischen lassen sich z. B. auch Innovationsabteilungen namhafter Konzerne mit der Theorie U begleiten.

Worin der entscheidende Unterschied zu herkömmlichen Methoden liegt? Wir sind es gewohnt, unsere Lösungen auf Basis von Erfahrungen, bzw. auf ausschließlicher Basis des rationalen Denkens zu entwickeln. Die Theorie U legt eine andere Vorgehensweise nahe und zwar – stark vereinfacht dargestellt – in folgenden Phasen:

Runterladen (Downloading)

Das sogenannte Runterladen dient dem Formulieren einer Frage, auf die eine Antwort gesucht wird, und dem Ankommen in der Situation der eigentlichen Fragestellung. Bei unseren vollgestopften Terminkalendern und den vielen (digitalen) Ablenkungen im (Arbeits-) Alltag dauert es einen Moment, bis man in der Lage ist, sich voll auf die eigentliche Frage einzulassen und alle Gedanken, die sonst noch in den Köpfen sind, für den Moment beiseite zu schieben.

Hinsehen (Seeing)

Im zweiten Schritt geht es (wieder) um die Wahrnehmung, also das Sehen der Situation, wie sie wirklich ist, und darum zu erkennen, welche Aspekte und Beteiligten dazugehören. Darum, das tatsächlich Wahrnehmbare von Interpretationen zu trennen und Wertungen auszuschalten. Wahrgenommen wird auf allen Kanälen visuell, auditiv und kinästhetisch, also auch, was gespürt wird (z. B. latent vorhandenes Misstrauen oder verborgene Koalitionen innerhalb eines Teams). Impulse, die nicht tatsächlich wahrnehmbar sind, sollen in dieser Phase außen vorgelassen, also suspendiert werden.

Hinspüren (Sensing)

Spätestens an dieser Stelle geht diese Methode tiefer als ein herkömmlicher Change-Management-Ansatz. In dieser Phase geht es darum, in die Situation einzutauchen, herauszufinden, was in Bezug auf das Wahrgenommene *gefühlt* wird, um das Einfühlen in die *gesamte* Situation – dazu gehören die eigenen Gefühle ebenso wie die der anderen (z. B. wie es sich für sich selbst anfühlt, den entscheidenden Vorschlag eingebracht zu haben oder auch für den Kollegen, bei der Strategieentscheidung außen vorgelassen worden zu sein). Denn auch, wenn man nicht so weit gehen will, wie Antoine de Saint-Exupéry, der sagte: „Man sieht nur mit dem Herzen gut. Das Wesentliche ist für die Augen unsichtbar." Fakt ist, das Herz sieht als Wahrnehmungsorgan mit – und mit der Öffnung für das Fühlen erweitert sich die Wahrnehmung zu einem ganzheitlichen Bild. Es mag im beruflichen Kontext noch ein wenig ungewohnt sein, Gefühle zuzulassen und auszusprechen, aber es kann zu einer echten Bereicherung führen – für den Einzelnen, für das Team und das Unternehmen, natürlich auch in wirtschaftlicher Hinsicht.

Presencing

Die vorangegangenen Phasen, über die es erst möglich ist, so konzentriert mit allen Sinnen zur eigentlichen Sache zu kommen, führen in die Kernphase der Theorie U: das Presencing – einem Kunstwort, zusammengesetzt aus *Presence* und *Sensing*, also Gegenwart und Gefühl. Es geht darum, sich mit seiner höchsten Zukunftsmöglichkeit zu verbinden, also dem, wohin es nach Betrachten aller Aspekte und Gefühle aus ganzheitlicher Perspektive gehen kann. Das, was sich von Innen heraus, wie von alleine zeigt, wenn man seine Wunschvorstellungen beschreibt. Um dort auch wirklich hinkommen zu können, ist es immer notwendig, etwas loszulassen (*letting go*), beispielsweise die bisherige Planung oder Vorstellungen von einer bestimmten Lösung, die angestrebt werden soll. Erst dann entsteht jener freie Raum, in dem sich etwas ganz Neues zeigen kann (*letting come*). Voraussetzung ist, dass der Mensch in der Lage ist, sich voll und ganz auf den gegenwärtigen Moment einzulassen.

Verdichten (Crystallizing)

Im Crystallizing verdichtet sich das neu Entstandene auf dem Weg zu einer Lösung. In dieser Phase beginnt der Weg, neues Handeln einzuleiten. Eine Vision konkretisiert sich, aus der eine noch konkretere Intention abgeleitet wird: Was ist als nächstes dran, welches ist der nächste logische Schritt?

Erproben (Prototyping)

Das Prototyping, aus dem technologischen Bereich bekannt, bedeutet für eine Fragestellung in einer Organisation oder einem veränderten Verhalten auch nichts anderes,
als – anstatt unzählige Abwägungen vorzunehmen oder noch mehr Daten zu sammeln,
um möglichst auf Nummer sicher zu gehen – spontan zu einer (ersten) Entscheidung zu
gelangen und diese einfach mal auszuprobieren. Zügiger ins Tun zu kommen und auch
Fehler zu machen, um anhand von konkreten Versuchen Lernerfahrung zu sammeln, was
funktioniert und was nicht. Ein prägnanter Satz, der sich hierzu in 2016 durch die sozialen
Medien verbreitete: „Machen ist wie wollen, nur krasser".

Vincentz Network, ein Nischenanbieter im Bereich Fachinformationen, macht vor, wie
es gehen kann: Hier werden Teams ermutigt, eigene Ideen für Produktinnovationen
zu entwickeln, auszuprobieren, zu kalkulieren und zu testen. Wenn nach gründlicher
Abwägung einer in einem Team geborenen und weiterentwickelten Produkt-Idee die
Entscheidung getroffen wird, das Produkt nicht ins Portfolio aufzunehmen, wird das
Team für seinen Mut, seine Entschlossenheit und Mehrarbeit gefeiert und nicht selten
sogar mit einer größeren Investition belohnt. Die Haltung des Unternehmens ist: Wer
nicht gelegentlich scheitert, tut nicht genug. Also: Aufstehen, Krönchen richten und
weitergehen. Die Wahrscheinlichkeit, dass in einem solchen Umfeld auch in Zukunft
wirklich innovative Lösungen entstehen und die Teams bereit sind, sich überdurch-
schnittlich zu engagieren, ist relativ hoch.

Um in einem Veränderungsprozess anhand der Theorie U einen Prototypen nachzubes-
sern, kann es sinnvoll sein, die Phasen Sensing bis Prototyping iterativ immer wieder
anzuwenden, solange, bis ein Prototyp funktioniert hat. Der Anspruch, sich wieder und
wieder mit der höchsten Möglichkeit im gegenwärtigen Moment zu verbinden, muss gar
nicht der sein, dass sofort etwas ganz Besonderes herauskommt, im Gegenteil: Alles, was
sich zeigt, ist passend und verdichtet sich erneut zu einem nächsten Schritt. Scharmer
beschreibt eine gelungene Presencing-Phase mit einer Erneuerung: Mal in einem kleinen,
mal in einem größeren Ausmaß verändert sich der daran beteiligte Mensch und ist dann
nicht mehr derselbe wie zuvor.

In die Welt bringen (Performing)

Hat ein Prototyp funktioniert, so mündet der U-Prozess im *Performing*, das heißt: das neu
Entstandene wird in die Welt gebracht, in der Praxis gelebt, bspw. in die Organisation
ausgerollt.

Wenn Sie neugierig darauf geworden sind, die Theorie U für sich selbst einmal anzuwenden – nur zu! Machen Sie einen kleinen Praxistest.

Überlegen Sie sich eine konkrete Fragestellung, die in Ihrem Leben momentan relevant
ist und deren Lösung Sie näherkommen möchten.

Nehmen Sie sich Zeit, ein Blatt und einen Stift zum Notieren von Stichpunkten zu den
einzelnen Phasen.

Jetzt kann es losgehen: Formulieren Sie Ihre Frage und benennen Sie alle Aspekte, die Sie in diesem Zusammenhang für wichtig erachten und die Ihnen einfallen (*Downloading*). Betrachten Sie Ihre Frage unter den Aspekten „wer ist beteiligt", „was spielt mit hinein" und „was sehe ich, nehme ich wahr". Versuchen Sie einen Perspektivwechsel: Sind weitere Menschen an Ihrer Frage beteiligt, wie sehen diese die Situation? Versuchen Sie, in deren Schuhe zu schlüpfen, und beleuchten Sie Ihr Anliegen unter deren Blickwinkel. Bleiben Sie dabei wertungsfrei. Schauen Sie noch einmal auf Ihre Ursprungsfrage. Worum geht es jetzt gerade wirklich? Es kann sein, dass sich Ihre Frage verschiebt, konkretisiert. Es ist in Ordnung, wenn zunächst ein anderer, vielleicht kleinerer erster Schritt zur Klärung notwendig ist. Nehmen Sie sich Zeit für diese Phase und beenden Sie sie erst, wenn Sie das Gefühl haben, dass Sie ein vollständiges Bild der Situation haben, sie aus der 360°-Perspektive betrachten (*Seeing*). Was fühlen Sie bei der Betrachtung Ihres Anliegens? Werfen Sie einen Blick auf das, was Sie in Phase 2 wahrgenommen haben, sind all diese Aspekte für Ihre Frage wirklich wichtig? Gegebenenfalls entfernen Sie (vorerst) die weniger wichtigen Aspekte. Wie fühlt es sich an, was geht in Ihnen gerade vor, was meldet sich in Ihnen? Versuchen Sie, es sich zu erlauben, dass all Ihre Gefühle für den Prozess der Klärung relevant, wichtig und richtig sind und lassen Sie sie zu. Wenn Sie zunächst einmal nichts fühlen, ist das genauso gut. Bleiben Sie so lange in dieser Phase, bis Sie Ihren Gefühlszustand klar sehen oder auch wahrnehmen, dass Sie im Moment nichts fühlen (*Sensing*). Jetzt geht es an den Kern. Bezogen auf Ihre Ausgangsfrage: Wie sieht der Idealzustand aus? Sie fühlen sich in Ihrer höchsten Möglichkeit, wenn … ? Visualisieren Sie sich (oder fühlen Sie) eine kraftvolle Lösung, die Ihnen selbst entspricht. Müssen Sie dafür etwas loslassen, verabschieden, sich von etwas trennen? Das kann sich sehr intensiv anfühlen. Gibt es etwas, das Sie nicht mehr brauchen? Aber wofür etwas Neues entstehen kann? (*Presencing*). Halten Sie einen Moment inne. Es mag sein, dass Sie von Erwartungshaltungen anderer abgehalten werden, nach Ihren höchsten Möglichkeiten zu leben. Sind Sie bereit, das loszulassen? Oder es zeigt sich ein altes, gelerntes Verhaltensmuster, das Sie nicht mehr brauchen – möchten Sie sich davon freimachen? Versuchen Sie in dieser Phase, möglichst zur Ruhe zu kommen und genau auf die Impulse zu achten, die in Ihnen entstehen, wie vor einer leeren Leinwand, ohne Einschränkungen und Begrenzungen. Das ist der blinde Fleck, über den wir sprechen, die Quelle, aus der heraus Sie authentisch handeln. Blicken Sie auf das, was sich in Ihnen Neues zeigt und konzentrieren Sie sich auf die Essenz davon. Was ist der nächste Schritt? Bewerten Sie nicht (*Crystallizing*). Treffen Sie eine (vorläufige) Entscheidung, lassen Sie alle Zweifel einfach mal beiseite und probieren Sie etwas aus. Machen Sie Fehler und lernen daraus. Korrigieren Sie und probieren Sie weiter. Verlieren Sie den Mut nicht, schließlich gilt auch hier die alte Kalenderweisheit: „The Master failed more often than the beginner even tried" (*Prototyping*). Wenn Sie sich auf alle Phasen einlassen können, werden Sie Neues in Ihre Arbeit/Ihr Leben bringen können.

Praktische Erfahrung zeigt, dass das Durchlaufen des U zu wirklich neuen und berührenden Ergebnissen führen kann. Die erreichte Tiefe ist abhängig davon, wie weit sich die einzelnen Beteiligten auf den Prozess einlassen, und wie die Fragestellung lautet. Ein richtig und falsch gibt es nicht. Zum Vorschein kommt genau das, worum es gerade in diesem Moment geht: ein Blick auf ein ganzheitlicheres Bild, ganz im Sinne von VUCA.

Auch ein Bewerbungsprozess ist ein gutes Einsatzfeld für die Phasen im unteren Feld der Theorie U: Fragen Sie einen potenziellen Kandidaten doch mal nach seinen Gefühlen in Bezug auf seine Wechselmotivation. Und wie sich ihm die zu besetzende Position in ihrer Idealausprägung zeigt. Was er aufgeben (loslassen) würde, angenommen, er tritt die neue Position an, und was dafür neu entstehen könnte? Mit diesen Fragestellungen erfahren Sie eine ganze Menge Neues, auch über sich selbst, der Bewerber vermutlich auch. Sie glauben, nach Gefühlen dürfe man nicht fragen? Warum denn nicht? Vielleicht ist es ja die Herausforderung, auf die die jüngeren Generationen – und nicht nur die – warten.

Den entscheidenden Unterschied zwischen „normalem" Change-Management und einem Veränderungsprozess im Sinne der Theorie U sehen wir genau an diesem Punkt: Im Einbeziehen der Spürebene, in der Frage, welcher Beitrag zeigt sich denn, wenn Erfahrungswissen und bereits bestehende Daten außen vorgelassen werden und stattdessen auf das gehört wird, was von innen kommt. Zugegeben, an dieser Stelle verlassen wir den unmittelbar rational beweisbaren Bereich, und das macht es in der Business-Welt für manchen Menschen nicht so leicht, einen solchen Ansatz ins laufende Geschäft zu integrieren.

So reagierte beispielsweise der Gesellschafter-Geschäftsführer eines mittelständischen Unternehmens mit rund 200 Mitarbeitern mit großen Augen auf Scharmers Ansatz und äußerte sich spontan so: „Ja. Ich glaube, genau so funktioniert es. Das ist es, worauf es jetzt ankommt. Aber damit brauche ich meinen Geschäftsleitungskollegen erst gar nicht zu kommen, ich weiß gar nicht, wie ich ihnen das erklären soll."

Auch wenn immer mehr Menschen grundsätzlich willens sind, sich von alten Denk- und Handlungsmustern zu verabschieden, wird es wohl noch eine Weile dauern, bis auf breiterer Basis Wege beschritten werden, bei denen nicht jeder Schritt planbar, messbar und streng logisch erklärbar ist. Bei denen nicht nur Experten, sondern alle gehört werden. Doch Erfolg setzt sich durch. Und aus unserer Sicht spricht vieles dafür, dass Menschen, Teams und Unternehmen, die den Mut haben, sich auf neue Wege zu begeben, langfristig erfolgreich sein und eine Strahlkraft entwickeln werden, die vielleicht sogar ansteckend wirken kann.

Doch auch Scharmer identifiziert einige Hindernisse, warum es nicht leicht ist, dahin zu kommen, wo wir hinwollen:

• Zu einem Geschäftsleben, das, vielleicht nicht ganz ohne, aber doch mit deutlich weniger Reibungsverlusten, Scheingefechten und Grabenkämpfen auskommt.
• Zu einer Zusammenarbeit, bei der Energien nicht irgendwo verpuffen, sondern sinnvoll eingesetzt werden.
• Zu einem Berufs- und Arbeitsleben, das weniger von Schwere, Resignation und *Ich muss*, sondern viel mehr von Neugier, Leichtigkeit und *Ich will* geprägt ist.

Die drei größten Brocken, die uns den Weg versperren, sind laut Scharmer:

Open Mind vs. Voice of Justice

Hier geht es darum, sich einer Sache gegenüber so offen zu zeigen, als würde man sie mit den staunenden Augen eines Kindes betrachten. Es geht darum zu erfassen, was andere (z. B. Kunden, Anteilseigner oder Kollegen) wirklich sagen (also meinen). Ohne eigene Agenda. Wertfrei und ohne zu (ver-)urteilen. Das ist viel komplizierter als es klingt. Denn was uns immer wieder dazwischenfunkt ist das, was Scharmer *Voice of Justice* (VOJ), die Stimme des Urteils, nennt. Wir sehen eine Situation und in uns läuft ein Automatismus ab, der auf der Annahme basiert, dass es ein richtig oder falsch, ein gut oder schlecht gibt. Warum ist das so? Nun, unser Gehirn liebt Schubladen und schnelle Lösungen. Denn wenn es nachdenken oder gar mit allen Sinnen tiefer einsteigen und das auch verarbeiten muss, verbraucht es wahnsinnig viel Energie und das will unser Körper unbedingt vermeiden, schließlich könnte es jederzeit passieren, dass wir noch stundenlang vor einem Säbelzahntiger fliehen oder ein Mammut verfolgen müssen. Es geht also um nicht mehr und nicht weniger, einen Ur-Reflex unseres Denkorgans zu überwinden und es dahin zu bringen, etwas vermeintlich Altbekanntes als etwas völlig Neues wahrzunehmen.

Open Heart vs. Voice of Cynism

Die Stimme des Zynismus (VoC). Sie ist eine Art Schutzmechanismus, den wir uns im Laufe unseres Lebens zugelegt haben, um Verletzungen unserer Gefühle zu vermeiden. Wenn wir versuchen, Zynismus und seine kleine Schwester, die Ironie, zu erkennen und lernen, uns aktiv dagegen zu entscheiden, die beiden nach oben kommen zu lassen, können wir der Lösung des von Scharmer genannten *Open Heart*, dem offenen Herzen näherkommen. Wenn wir unser Herz für unsere eigenen und für die Gefühle anderer öffnen, dringen wir zu einer größeren Tiefe vor, die uns auch bei der ganzheitlichen Beurteilung von Geschäftssituationen hilft. Denn nur mit einem offenen Herzen können wir erkennen, was den anderen (z. B. Kunden, Stakeholder, Kollegen) wirklich bewegt und antreibt. Die Herausforderung liegt also darin, den Coolness-Panzer abzulegen, Gefühle zuzulassen, die der anderen wahrnehmen und bereit sein, sie auch auszusprechen.

Open Will vs. Voice of Fear

Die Stimme der Angst (VoF) hindert uns daran, uns wirklich auf die Presencing-Phase einzulassen. Denn hier kann es ja passieren, dass man sich von allen bisher gemachten Plänen, von allen bisher eingeschlagenen Wegen, verabschieden muss. Und seien es nur lieb gewordene Gewohnheiten in der Komfortzone. Es geht bei *Open Will* um vollkommene Ergebnisoffenheit – nur dann ergibt es Sinn, sich intuitiv die höchste Möglichkeit auszumalen und Raum zu schaffen für neue Wege. Erst der wirklich offene Wille, sich auf alles einlassen zu können mit dem Vertrauen darauf, dass von innen heraus die wahren Wege entspringen, kann zu echter und nachhaltiger Veränderung führen. Und dieses Vorgehen ist uns nicht nur im Berufs-Alltag noch ziemlich fremd.

An Ansätzen, wie Veränderungen gelingen können, mangelt es nicht. Es ist schlicht ein sehr komplexes Unterfangen und der unberechenbare Faktor heißt: Mensch.

4.4   Conscious Business

Auch Ansätze wie Conscious Business/Conscious Capitalism gewinnen aktuell an Aufmerksamkeit und immer mehr Unternehmen richten ihr Handeln und ihre Geschäftsstrategie an Kriterien von bewusster Unternehmensführung aus. Maßgeblich geprägt wurden die Begriffe durch Fred Kofman und sein Buch „How To Build Values Through Your Values" sowie den Unternehmer John Mackey.[12] Die Grundsätze von Conscious Business lauten:

- Keinen Schaden anrichten: In allem, was getan wird, wird auf soziale und ökologische Auswirkungen Rücksicht genommen und darauf geachtet, möglichst viele Praktiken zu entwickeln und von anderen zu übernehmen, die zu einer Verbesserung der sozialen und ökologischen Lage führen.
- Ziele werden nach einem „Triple Bottom Line"-Erfolgsmodell verfolgt: Profit – Mensch – Planet werden als gleichwertige Ziele gesehen, und sollen in Einklang gebracht werden.
- Gutes tun über den Tellerrand hinaus („above and beyond"): Viele bewusst geführte Unternehmen weiten ihre Aktivitäten über das eigentliche Unternehmen hinaus aus, beispielsweise in Form von Unterstützung oder Gründung von Non-Profit-Organisationen.

Der Unterschied zu den bereits häufig vorhandenen CSR-Programmen von Unternehmen ist, dass der Blick ganzheitlicher ausgerichtet ist: Die Implementierung eines CSR-Programms bedeutet noch nicht, dass das Unternehmen mehr Gutes tut als Schaden anzurichten. Ein Conscious Business betreibt kein Social- oder Greenwashing, bei dem die Intention eher Image-Building ist.

Als ein Vorreiter für die Idee von Conscious Business wird „The Body Shop" genannt, da sich Anita Roddick mit diesem Unternehmen bereits 1976 sehr aktiv für die Abschaffung von Tierversuchen und Wahrung von Menschenrechten eingesetzt hat.

Menschen, die sich der (in den USA bereits größeren) Conscious Business-Bewegung anschließen, verstehen sich nicht als Gutmenschen. Ihr Ziel ist es durchaus, Profit zu erzielen – gleichzeitig achten sie aber sehr genau darauf, dass Geschäfte auf einer ethischen und sozialverträglichen Basis abgeschlossen, und Produkte so umweltverträglich wie möglich hergestellt werden. Menschen in einem Conscious Business haben stets im Blick, was sie mit ihren Handlungen und Gewohnheiten in ihrer Umwelt (bei Mensch, Tier und Natur) auslösen, und leben und handeln aus einem Wissen heraus, dass alles miteinander verbunden ist. Diese Menschen wissen, wer sie sind, welche Stärken und Schwächen sie

---

[12] Mitgründer und Co-CEO des Unternehmens Whole Food Market in den USA (wird auch an mancher Stelle kritisch gesehen)

haben und streben ein Leben und eine Arbeit an, in der sie Freude, Kreativität und Leichtigkeit anstelle von Angst, Macht und Dominanz erleben können.

Mit Gründung des Conscious Business Institutes in Kalifornien verfolgt auch der frühere Venture Capitalist und Software-Unternehmer Peter Matthies diesen Weg. Überzeugt von der Notwendigkeit, vor dem Hintergrund der globalen Herausforderungen (Ökologie, Soziales und Menschen, die nicht erfüllt sind) die Art zu arbeiten neu denken zu müssen, begleitet er Organisationen mit einem systematischen Ansatz „aus der Praxis für die Praxis" dabei, Conscious Businesses zu werden. Sein Programm[13] basiert auf der These, dass wir dem falschen Glauben unterliegen, eine Veränderung könnte gelingen, indem wir mehr und mehr tun. Er regt einen Haltungswechsel an. Statt „loszulaufen" rät er dazu, erst einmal die eigene Authentizität zu erforschen und zu innerer Stärke zu gelangen. Denn Matthies ist überzeugt: Wer sich selbst lebt, stiftet für seine Organisation den größten Nutzen, und kommt zu den Ergebnissen im Leben, die ihn wirklich erfüllen. Sein Culture & Leadership-Programm ist daher nach folgenden fünf Modulen aufgebaut:

- Individuum: Erkunden der Authentizität und zu innerer Stärke gelangen.
- Team: Entschlüsseln der Prinzipien, die gelingender Zusammenarbeit zu Grunde liegen, wie z. B. authentische Kommunikation, Selbstverantwortung des Einzelnen, Umgang mit Konflikten, Kollaboration, Verlässlichkeit und Umgang mit Diversität.
- Organisation: Systematisches Ausrichten der Organisation auf einen tieferen Sinn, einen Daseinszweck (*Purpose*).
- Business: Erfolgreiches Wirtschaften – nicht *trotz*, sondern *wegen* der Ausrichtung des Handelns an ethischen Maßstäben wie Nachhaltigkeit, Gerechtigkeit und Menschlichkeit. Denn Authentizität, Zusammenarbeit und Sinnhaftigkeit setzen neue Energien frei.
- Leadership: Bewusstsein, Verlässlichkeit und Selbstverantwortung werden zu Organisationsprinzipien.

4.5 Management-Methoden im Wandel

Die Erwartungen an das Arbeitsleben haben sich – über alle Generationen und Hierarchiestufen hinweg – gewandelt. War es früher das Ziel, zur Arbeit zu gehen und eine (guten) Job zu machen, treten heute die Aspekte wie persönliche Entwicklung und Entfaltung in, bei und durch die Arbeit weiter in den Vordergrund. Neben Fach- und Methodenwissen wollen die Menschen zunehmend auch Persönlichkeit und Werte in ihre Arbeit einbringen und die heute noch vielfach vorherrschenden Diskrepanzen zwischen Arbeiten und Leben überwinden. Das spiegelt sich auch in der stetig wachsenden Zahl von Ansätzen,

---

[13] Auch in Form von E-Learning/Blended Learning verfügbar

[14] Eine subjektive Auswahl von in den letzten Jahren und aktuell zunehmend verwendeter, als wirksam empfundener Methoden

übergreifenden Zusammenkünften und Seminaren wider, die zu diesen Themen publik werden.

Seien es Design Thinking oder Effectuation, Appreciative Inquiery, Dialog, Storytelling, The Art of Hosting oder Organisationsentwicklung anhand der Spiral Dynamics,[14] es geht nicht mehr nur um Kreativitätstechniken, oder um Methoden zur Erreichung von finanziellen Erfolgen, oder um Wettbewerbsvorteile. Es geht vielmehr darum, in Bewegung zu kommen und die Voraussetzungen dafür zu schaffen, wie wir im 21. Jahrhundert leben und arbeiten wollen. Bei alldem rückt der Mensch in den Mittelpunkt. Für all diese Methoden und Ansätze ist hervorragendes Material zur Vertiefung erhältlich, daher belassen wir es bei diesem kurzen Verweis.

4.6   Manchmal sind es Kleinigkeiten

Bei Betrachtung und Analyse der unterschiedlichen Methoden und Tools der neuen Management-Denke fällt auf, dass es auch hier die berühmten Kleinigkeiten sind, die den Unterschied machen: So ist es auch nicht verwunderlich, dass wir in unseren Recherchen auf Trainer und Berater gestoßen sind, die mit Dingen erfolgreich durch die Welt touren, simple bis komplexere Apps und Online-Programme entwickeln und bei Kunden und auf Vorträgen mit Weisheiten aufwarten, die auch gerne als „ist doch eh klar" bzw. Kalenderweisheiten weggewischt werden könnten. Aber sind sie denn wirklich so selbstverständlich? Und enthalten die sogenannten Kalenderweisheiten nicht vielleicht doch genau die Wahrheiten, die unsere Arbeitswelt nicht nur bereichern, sondern in echte Veränderung bringen können? Schauen wir einmal genauer hin: Der selbsternannte Launologe Dr. Helmut Fuchs[15] ist beispielsweise einer der bedeutendsten Vortragsredner und Executive Coaches. Er bezieht sich auf die Gehirnfunktionen aus den Neurowissenschaften und schlägt vor, der Psychohygiene mehr Aufmerksamkeit zu schenken („Zähne putzen wir ja auch täglich"). Sein simples Credo: Stellen sie sich täglich zwei Fragen, eine morgens, eine abends. Morgens: Worauf freue ich mich heute? Abends: Wofür bin ich heute dankbar? Mit positiven Gedanken einzuschlafen und aufzuwachen hilft allen weiter, am meisten Ihnen selbst.

4.7   Zusammenbringen, was zusammengehört

Ansätze, die im Management Anwendung finden, haben ihren Ursprung zunehmend in ganz verschiedenen Disziplinen. Wurde bis vor nicht allzu langer Zeit noch strikt getrennt nach „das ist Business" und das Persönlichkeitsentwicklung, Glaube etc. und gehört ins Privatleben, oder gar in den Sonntagsgottesdienst, verknüpfen sich sämtliche Disziplinen

---

[15] Vgl. www.helmutfuchs.de

heute mehr und mehr. Es bilden sich immer mehr neue, organisations-, branchen-, und fachgebietsübergreifende Zirkel, um gemeinsam zu einer neuen Art zu arbeiten zu finden. Austausch, auch auf globaler Ebene, nimmt immer mehr zu, Prototypen werden ausprobiert und Erfahrungen damit geteilt. Die Frage lautet immer häufiger, „wie können wir uns gegenseitig unterstützen, gemeinsam die Zukunft gestalten" statt. „wie kann ich meinen Wettbewerbsvorteil sichern".

Mit einem Blick auf internationale Aktivitäten zu diesen Themen fällt auf, dass die USA – parallel bzw. im Gegensatz zur aktuellen Regierung – sowohl an den Forschungszentren (MIT, Yale etc.) wie auch in Unternehmen schon sehr weit sind, was Offenheit für und Experimentierfreude mit neuen Wegen angeht. In Deutschland treffen wir häufiger auf ein „ja, aber". Es wird nach Schwächen oder Gegenbeweisen gesucht, Kritik geübt oder … und das ist gut so. Denn es ist ein Zeichen dafür, dass man hierzulande mit größerer Tiefe an die Dinge herangeht. Doch bei aller wohlbegründeten Skepsis: Lassen Sie sich nicht davon abhalten einfach einmal etwas auszuprobieren.

Der Markt an Angeboten in Sachen Achtsamkeit, fernöstliche Meditationspraktiken oder Schweigewochen in Klöstern für die Suche nach einem tieferen Sinn wächst seit Jahren. Eine besondere Achtsamkeit ist daher sicherlich nötig, um zu beurteilen, welche Angebote wirklich einen tieferen Sinn bieten und welche nur den eigenen Gewinn im Blick haben – wo Profit- und Machtstreben nur in einem neuen Gewand des Weges kommen.

4.8 Umgang mit Methoden/Modellen

Wir möchten bei aller Relevanz und Tauglichkeit, die wir den oben beschriebenen Modellen und Methoden einräumen, eines zu bedenken geben: Es handelt es sich *nur* um Modelle. Sie bieten Orientierung und schaffen eine gemeinsame Sprache – das ist wichtig und richtig. Modelle verleiten aber auch gerne dazu, die momentane Erkenntnis als Gewinn und Lösung abzuhaken, sich dem Alltag wie gewohnt zuzuwenden und das „ich habe verstanden" ins Regal zu stellen, wo es keinerlei Wirkung entfalten kann. In der VUCA-Welt ist die Grundvoraussetzung zum Surfen jedoch die kontinuierliche Integration von Entwicklungsschritten in die Alltagshandlungen. Damit alles fließt (Heraklit), darf die permanente Wachsamkeit, was gerade dran ist – und die nächste Welle – nicht erlahmen. Also bleiben Sie dran und lernen Sie weiter, nicht nur in der Theorie, sondern vor allem in der Praxis.

Die Lösung für Ihr System ist individuell. Also seien Sie vorsichtig mit der Adaption fremder Modelle. Diese mögen zur Lösung komplizierter Probleme geeignet sein – die komplexen können nur vom System selbst bearbeitet werden – ggf. unter Zuhilfenahme externer, neutraler Begleiter mit einer entsprechenden Haltung. Diese Haltung wird auch als *Facilitator-Mindset* bezeichnet, die Haltung eines „Ermöglichers". Begleitung benötigt selbst weniger Fach-, sondern mehr Methodenwissen und ein ausgesprochen feines Gespür, worum es eigentlich geht. Eine Erkenntnis die, wie wir später noch zeigen werden, auch für eine zeitgemäße Mitarbeiterführung – Leadership – zentral ist.

Wertvolle Organisation und Führung

5

5.1 Unternehmensstruktur – Unterstützung oder Hindernis? Was ist „up to date"?

Was wäre, wenn die Möglichkeit bestünde, so aufgestellt zu sein, dass jederzeit flexibel auf das, was die Situation gerade erfordert, reagiert werden kann? In unseren mehr oder weniger hierarchisch aufgebauten Organisationsformen trotz vielfältiger Bemühungen eher problematisch, denn die Entscheidungswege sind nach wie vor lang und zeitintensiv. Deshalb entstehen laufend neue Ansätze und Denkrichtungen, die sich mit den Themen Management, Mitarbeiterführung und Organisationsstruktur auseinandersetzen. Auch hier wird viel probiert, gehypt und diskutiert. Werfen wir doch mal einen Blick auf eine – aus unserer Sicht – zentrale Richtung: agil werden.

5.1.1 Agilität ist mehr als Flexibilität[1]

In den letzten Jahren ist ein gewisser Hype um das Thema Agilität entstanden. Ursprünglich als Begriff aus der Produktion, wird Agilität heute auch als eine Antwort auf VUCA betrachtet und findet sich als Organisationsform bisher am häufigsten im Rahmen von Softwareentwicklung/Projektmanagement im Einsatz. Eine agile Organisation/agiles Management hat, „die Fähigkeit (…), flexibel, aktiv, anpassungsfähig und mit Initiative in Zeiten des Wandels und Unsicherheit zu agieren".[2] Wo herkömmliche Organisationen auf lineare, prozess- und/oder projektorientierte Strukturen setzen, stellen agile Teams/Unternehmen auf Kundenorientierung und eine iterative Vorgehensweise, d. h. eine Annäherung an

---

[1] Vgl. „Agiles Management: Führungs- und Organisationsprinzip" auf haufe.de, 2015

[2] Eintrag Onpulson Wirtschaftslexikon „Unternehmensführung: Agilität". Auf onpulson.de

© Springer Fachmedien Wiesbaden GmbH 2018
K. Eissfeldt, C. Jaeger, *So wird Ihr Unternehmen zum wertvollen Arbeitgeber*,
https://doi.org/10.1007/978-3-658-15549-0_5

Lösungen in kleinen Schritten. Agil werden heißt nicht nur Prozesse und Strukturen zu verändern, sondern Unternehmen an sich neu zu denken. Denn die Basis für Agilität ist eine klare Verschiebung zentraler (Unternehmens-) Werte und Prioritäten. Wie die Prioritäten in einem agil arbeitenden Umfeld sinngemäß verschoben werden, sehen Sie in unten abgebildeter Grafik (Abb. 5.1).[3]

Heute in den meisten Unternehmen so nicht gerade Usus. Die klassischen Werte auf der rechten Seite zählen in agilen Unternehmen schon auch, aber: die linke Seite der Wippe wiegt im Zweifel schwerer. In Unternehmen, die auf dem Weg in die Agilität sind, wird gerade an diesen Punkten heftig diskutiert, gezweifelt und immer wieder neu angepackt. Zumal es – bisher noch – nur wenige gibt, die über eine längere Agilitäts-Historie verfügen und als Vorbild herangezogen werden könnten. Dennoch setzt sich mehr und mehr die Überzeugung durch, dass die (relativ) starren Prozess- und Projekt-Organisationen von heute nicht (mehr) geeignet sind, um angemessen auf aktuelle, geschweige denn zukünftige Herausforderungen zu reagieren.

Hierarchische Organisationsstrukturen scheinen nicht mehr zeitgemäß. Aber von heute auf morgen agil werden zu wollen, führt nirgendwo anders hin als ins Chaos. Daher gilt es auch hier, sich von der Planung eines mit einem Zeitplan hinterlegten Projektes zur Agilität zu verabschieden und stattdessen agil, d. h. iterativ, vorzugehen. Es ist nicht zu erwarten, dass Ihr ganzes Team/Ihr ganzes Unternehmen sofort „hurra" ruft, wenn die Veränderung

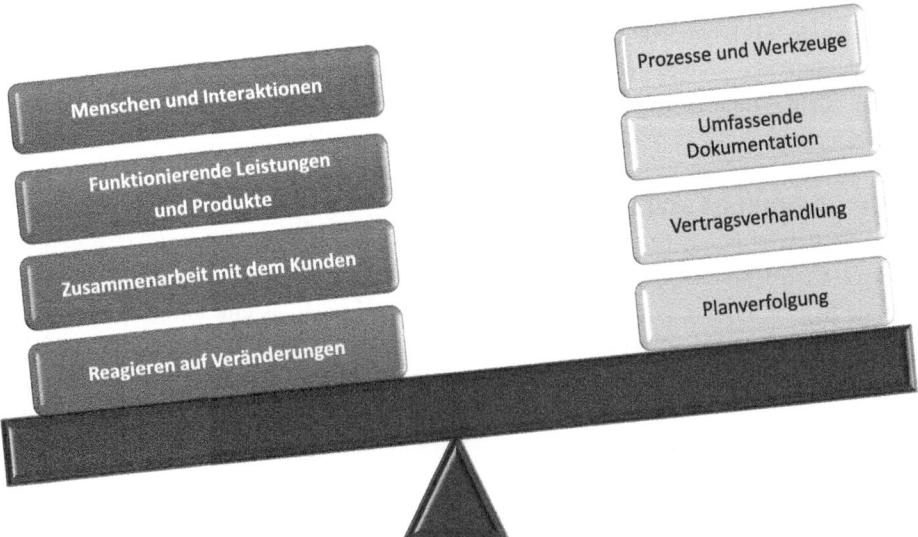

Abb. 5.1 Das agile Manifest: Agile Werte. Information aus Wikipediaeintrag „agile Softwareentwicklung"

---

[3] Wikipediaeintrag „Agile Softwareentwicklung": Agile Werte

ansteht oder gar an Bord zu holen ist. Wenn Sie die grundsätzliche Entscheidung treffen, einen Wechsel hin zu agilem Denken und Handeln zu vollziehen, suchen Sie sich Mitstreiter, die auf diese Idee anspringen und probieren Sie mit einer Pilotgruppe andere, neue Wege und Prototypen aus. Schritt für Schritt. Denn es kann und wird nicht funktionieren, Menschen, die seit Jahrzehnten in einer vertrauten Umgebung mit einem klar strukturierten Umfeld, in einer Position, die mit Status verknüpft ist, arbeiten zu erklären, „ab morgen ist das alles anders".[4] Agilität ist letztendlich ein Führungsthema – für das es eine besondere Art von Führung bedarf: Leadership.

Dazu gleich mehr. Zuvor noch ein kurzer Blick auf einen praxiserprobten Versuch für eine agile Organisationsstruktur, in der auf herkömmliche Hierarchien verzichtet wird: die Holakratie.

5.1.2 Holakratie statt Hierarchie

Die holakratische Organisationsform wurde populär durch den amerikanischen Software-Unternehmer Brian Robertson, der 2007 ein entsprechendes Beratungsunternehmen gegründet hat.[5] Sie lehnt sich an den Grundgedanken der Soziokratie an, der erst in jüngster Zeit wieder mehr Beachtung findet. Zentrales Element beider Ansätze ist die aktive Beteiligung und Gleichberechtigung aller Individuen in Entscheidungsprozessen. Im Gegensatz zum demokratischen Grundsatz „Ein Mensch-Eine Stimme" wird hier nach dem Zustimmungs-Prinzip (Konsent) gehandelt. Das heißt, solange niemand der Anwesenden einen schwerwiegenden Einwand gegen einen Vorschlag oder eine Entscheidung vorbringen kann, wird der Vorschlag/die Entscheidung akzeptiert und umgesetzt. Die Notwendigkeit, einen Konsens herzustellen oder Mehrheiten für eine Idee, eine Vorgehensweise o. ä. gewinnen zu müssen, entfällt – so kommt man schneller ins produktive Tun.

In der holakratischen Organisationsstruktur werden statt des hierarchischen Abteilungssystems – zumeist temporäre – Rollen und Kreise gebildet, deren Inhalte und Ausprägungen sich aus den aktuellen Anforderungen an das Unternehmen ergeben. Jeder Mitarbeiter hat klar definierte Rollen und Zuständigkeiten, die mit anderen Rollen verknüpft werden, je nachdem was die aktuelle Situation erfordert. Diese Zusatz-Rollen werden nur über einen bestimmten Zeitraum eingenommen, es legt sich also niemand auf einen bestimmten Zuständigkeitsbereich fest. Jeder kann, muss aber nicht, gleichzeitig mehrere Rollen einnehmen. Zwischen den Kreisen herrschen organisierte Verbindungen, um den Austausch und Qualität zu gewährleisten. „Holacracy" ist als Begriff zertifiziert, es gibt dafür ein eigenes Software-System („Glassfrog"), auf

---

[4] Ein gutes Beispiel hierfür ist die „Spirit 47"-Einheit des traditionsreichen NWB Verlags. Jenseits des Tagesgeschäfts wird versucht, den Geist des Gründerjahres zu erwecken, indem dort frei an Neuentwicklungen experimentiert werden kann.

[5] Vgl. http://www.holacracy.org/holacracyone

dem durchgängig gemäß der Holacracy-Regeln gearbeitet wird, die beispielsweise eine Unterscheidung von Meetings nach „Tactical Meeting" (Tagesgeschäft) und „Governance-Meeting" (Strategie und weiterreichende Entscheidungen) vorsehen. Die Meetings unterliegen klaren Strukturen und Gesprächsregeln, die gewährleisten, dass alle Stimmen gehört werden. Entscheidungen werden dann wie oben erwähnt, im Konsent, nicht im Konsens, getroffen. Zentrale Informationen sind durchgängig transparent und auf einem „Unternehmens-Wiki" für jeden einsehbar. Prominente Beispiele für Unternehmen, die diesen Weg gegangen sind, sind der amerikanische Online-Händler Zappos, W. L. Gore (Goretex) oder auch der brasilianische Maschinenbauer Semco. Holakratie und sämtliche Regeln des Systems hier darzulegen, würde zu weit führen – dafür gibt es ausreichend andere Literatur. Was wir jedoch an dieser Stelle festhalten möchten ist, dass Robertsons Holakratie-Konzept bei allem Erfolg nicht unumstritten ist. Zentrale Kritikpunkte, denen auch wir uns ein Stück weit anschließen möchten, sind:

- Es scheint ein wenig zu simpel, eine neue Unternehmensstruktur, die so grundlegend von allen bisherigen Überzeugungen und Arbeitsformen abweicht, einfach wie ein neues Betriebssystem hochzuladen.
- Die Annahme, dass es eine Trennung zwischen dem Menschen und seiner/seinen Arbeitsrollen geben solle, um zu verhindern, dass individuelle Konflikte die konzentrierte Arbeit stören, scheint uns befremdlich. Haben wir doch gesehen, dass es über alle Generationen und Geschlechter hinweg den Wunsch nach mehr Ganzheitlichkeit und Authentizität im Arbeitsleben gibt und dass zu produktivem und kreativem Arbeiten Herz und Verstand, d. h. ganze Persönlichkeiten gehören.
- Auch die Tatsache, dass Robertson die Implementierung holakratischer Strukturen an den Erwerb einer bestimmten Software und das Engagement zertifizierter Holacracy-Berater knüpft, scheint zumindest fragwürdig, da es ein Stück weit an unseren, aber auch an den agilen (und holakratischen) Grundsätzen von Transparenz und Iteration vorbeigeht. Natürlich gehört Mut dazu, Wissen bedingungslos zu teilen und damit die Grundlage für echte Kollaboration zum Wohle aller entstehen lassen. Natürlich ist es nicht normal, darauf zu vertrauen, dass trotz oder wegen der Bedingungslosigkeit und dem Wissen, einen Beitrag für die Allgemeinheit geleistet zu haben, es auch gelingen wird, einen ausreichend großen Teil vom Kuchen des Wohlstands abzubekommen.[6]

---

[6] Nehmen Sie das als naiv wahr? Dann sind Sie damit nicht allein. In der Tat gilt es heute noch häufig als naiv, an das Gute zu glauben und Vertrauen zu haben, dass es gutgehen wird, handelt man nach bestem Wissen und Gewissen …

Warum wir der Holakratie hier überhaupt einen Platz einräumen?

Weil es ein sichtbar gewordener Versuch ist, eine neue Art Unternehmensorganisation zu denken und umzusetzen. Dass der dann neue „Wenns und Abers" aufwirft, liegt in der Natur der Sache – und in der Natur des Menschen. Schließlich sind wir gerade dann besonders kritisch, wenn wir gewohnte Wege und Denkmuster verlassen sollen. Holakratie ist ein nächster Schritt, der gegangen wurde und aus dem Lerngewinne gezogen werden können. Was uns am Holakratie-Ansatz gefällt ist:

- Die Idee, dass sich die Menschen in einer Organisation nicht dauerhaft auf einen abgesteckten Zuständigkeitsbereich beschränken und an eine Rolle binden, sondern anstehende (Kunden-) Aufgaben flexibel so besetzt werden, wie es im Sinne der Sache und des Einzelnen am besten passt.
- Dass grundsätzlich jeder für einen gewissen Zeitraum Führungsaufgaben übernehmen kann, wenn er über genau die Kompetenz verfügt, die für eine bestimmte Aufgabe am besten geeignet ist.
- Dass Entscheidungen nicht getroffen werden, wenn gute Gründe dagegensprechen, ganz gleich, von wem sie vorgebracht werden.
- Dass Meeting-Regeln gefördert werden, bei denen Menschen ganz in der Gegenwart ankommen und dass alle Stimmen gehört werden.
- Dass Unternehmensinformationen jederzeit transparent zugänglich sind und damit Machtgefüge aufgelöst werden, die durch Geheimniskrämerei und Herrschaftswissen entstehen.

Für den Hinterkopf

Agil zu werden, starre Strukturen und Hierarchien aufzulösen, scheint ein guter Weg zu sein, um VUCA-Surfer zu werden. Aber es braucht seine Zeit, und es braucht keine Lösungen von der Stange, sondern etwas, was zu Ihnen, zu Ihrem Team und Ihrem Unternehmen passt. Machen Sie kleine Schritte. Suchen Sie den Dialog mit Schlüsselpersonen, denken Sie gemeinsam darüber nach, an welchen Stellen Ihre Struktur die eigentliche Arbeit für Ihre Kunden behindert. Entwickeln Sie nach und nach, evolutionär und ohne Druck, dafür mit intuitiven Impulsen und einer mutigen, auf ein auf ausprobieren basierenden Haltung Ansätze, die zu Ihrer Situation passen. Überdenken Sie Verantwortlichkeiten so, dass sich der für den jeweiligen Moment bestmögliche Output erzielen lässt und vor allem: Hören Sie jederzeit genau hin, wie es Ihren Kolleginnen und Kollegen und Ihrem Team dabei geht und reagieren Sie prompt und mit dem nötigen Feingefühl auf Stimmungsschwankungen.

5.2   Von Management zu Leadership

Ganz gleich, in welcher Organisationsform Sie sich heute bewegen und wo Sie hinwollen: Eine zentrale Rolle kommt denen zu, die Entscheidungs-Kompetenzen haben und an denen sich andere Mitarbeiter orientieren: der Führung. Und Führung wird (nicht nur) unter Menschen in einem System gebraucht. Daher skizzieren wir in diesem Abschnitt einen Entwurf für Führung bei einem wertvollen Arbeitgeber.

Wir haben auf den vorangegangenen Seiten eine ganze Menge von dem in Frage gestellt, was, die Arbeitswelt über Jahre und Jahrzehnte hinweg geprägt und uns sehr dabei geholfen hat, das zu erreichen, wo wir heute stehen. Das alles machen wir nicht (nur) aus Spaß am Gedankenexperiment, sondern aus der Überzeugung heraus, dass wir aktuellen und zukünftigen Herausforderungen nicht mit den Lösungen von gestern begegnen können. Niemand *muss* etwas ändern. Wer aber wie Sie Verantwortung übernehmen, die Zukunft gestalten und wirklich nachhaltige Veränderung herbeiführen will, kommt aus unserer Sicht nicht umhin, sich mit diesen Themen zu befassen. Klar, dass sich auch die Anforderungen an Führungskräfte in diesem Zusammenhang grundlegend verändern. Der vielzitierte Kernsatz aus der aktuellen Managementlehre dazu lautet: „vom Management zum Leadership". Was heißt das eigentlich und wie kann es gehen?

5.2.1   Leadership: Was ist das eigentlich?

Neu ist das Thema nicht, es wird seit den 1970er Jahren intensiv diskutiert. Der Begriff des Leaders wird meist zurückgeführt auf den bereits erwähnten Harvard-Professor John P. Kotter („A Force for Change – how Leadership differs from Management, 1990). In den vergangenen rund zehn Jahren hat die Relevanz des Themas jedoch rapide zugenommen. Aus der eigenen Erfahrung können wir berichten, dass sich in letzter Zeit auch in der Personalrekrutierung die Anforderungen von Arbeitgebern an Personen für Schlüsselpositionen im Unternehmen verändert haben. Fachwissen tritt hinter Führungsqualitäten zurück. Und Führung bedeutet – im Gegensatz zu früher – mehr als einen abgesteckten Bereich zu organisieren und zu kontrollieren.

Auch Führung soll heute ganzheitlicher werden. Der Anspruch liegt darin, eine kreative fachliche Gestaltung des Verantwortungsbereiches im Rahmen der Gesamtstrategie mit der Fähigkeit zu verbinden, sich auf Wandel einzustellen und dabei die Mitarbeiter geeignet mitzunehmen. Aber: Jeder einzelne Mensch innerhalb der Organisation steht woanders und möchte woanders hin – und auch das ändert sich ständig, weil sich die (Lebens-) Welten jedes Einzelnen kontinuierlich verändern und mit ihnen Bedürfnisse, Prioritäten und Ziele. Das macht die Aufgabe, ein Team so zu führen, dass es für die jeweilige Situation passt, so komplex – und eben nicht nur kompliziert. Und es stellt Anforderungen an Führungskräfte, die nur schwer mit einem klassischen Stellenprofil zu fassen sind. In vielen Unternehmen glaubt man nach wie vor fest daran, Kandidaten für Führungspositionen müssten einen erstklassigen Abschluss in einer ganz bestimmten Fächerkombination vorweisen, eine gewisse Anzahl an Auslandssemestern absolviert haben, eine klar bezifferte Anzahl von Jahren in ganz

Tab. 5.1 Ausgewählte Unterschiede zwischen Manager und Leader

Manager	Leader
Organisiert Abläufe, plant und kontrolliert	Inspiriert, motiviert und befähigt
Erhält	Entwickelt
Eher *Spieler*, möchte seine eigene Leistungsfähigkeit verbessern und fokussiert sich auf Details	Eher *Trainer*, wählt die besten Spieler aus und betrachtet das große Ganze
Von Aktivität, Aufgaben und Projekten begeistert, erstellt oder braucht klaren Plan	Ist von Ziel und Vision begeistert und angetrieben, fördert Intuition
Vor allem damit beschäftigt, in der Gegenwart Geld zu verdienen	Vor allem mit Zukunftssicherung beschäftigt – welche Zukunft ist die neue und für *alle* bessere?
Fokus auf Effektivität und Produktivität	Fokus auf Erneuerung und Innovationen
Fragt *wie und wann?*	Fragt *was und warum?*
Blickt auf Resultate	Blickt auf den Horizont
Konzentriert sich auf Systeme und Strukturen	Konzentriert sich auf Menschen
Vertraut auf Kontrolle	Inspiriert durch Vertrauen
Macht alle Dinge richtig	Macht die richtigen Dinge

bestimmten Positionen bei ganz bestimmten Wettbewerbern erfolgreich tätig gewesen sein, um die nötige Qualifikation für die Position zu haben. Für einige wenige Positionen – zum Beispiel in der Hirnchirurgie – mag das zutreffen. Aber in den meisten anderen Führungspositionen geht es heute neben einem guten fachlichen Grundwissen und Geschäftsverständnis um etwas anderes – nämlich um den Typus Führungskraft, der für das jeweilige Unternehmen gerade zu diesem Zeitpunkt der Richtige ist. Und dabei kommt es vor allem auf bestimmte Grundeigenschaften an, die in der Fachwelt mit dem Begriff Leadership beschrieben werden.

„Viele Menschen wollen Führungskräfte sein, aber niemand will Menschen führen. Führung bedeutet, mit Menschen zu sprechen, sie persönlich und fachlich zu führen, Feedback und konstruktive Kritik zu geben und Perspektiven aufzuzeigen".[7] Hartmuth Posner bringt hier recht prägnant auf den Punkt, worauf es bei guter Führung ankommt. In der Tab. 5.1 haben wir, gestützt auf unterschiedlichen Quellen, zentrale Unterschiede zwischen Management und Leadership zusammengefasst.

Leadership zeichnet sich durch einen ganzheitlicheren Blick aus. Chancenorientierung und innovative Gestaltung, Qualitätsbewusstsein ohne Perfektionismus, langfristigere und umfassendere Perspektiven und eine hohe Flexibilität prägen das Denken und Handeln des Leaders. Im Umgang mit Menschen geht Leadership eine Ebene tiefer: Einzigartigkeit

---

[7] Hartmuth Posner, Global Head of HR, Freudenberg & Co. KG in HR Strategie 2020, S. 28

und Vielfalt der Menschen wird erkannt und zu guten Ergebnissen zusammengeführt, Netzwerke werden sinnvoll aufgebaut und gepflegt. Leadern geht es nicht um den eigenen Einfluss, sondern darum, ihr Team und sich selbst in die Lage zu versetzen, anstehende Aufgaben und Herausforderungen bestmöglich zu bewältigen. Sie sind bereit, etwas loszulassen, was bisher ganz gut funktioniert hat, um Platz dafür zu schaffen, dass etwas (neu) gestaltet werden kann, das – auf lange Sicht – noch viel besser funktionieren wird. Sie verstehen es, Relevantes von Irrelevantem zu trennen ohne zu werten und sie haben die Kraft, eine Entscheidung für einen folgerichtigen nächsten Schritt herbeizuführen. Sie strahlen natürliche Autorität und eine mitreißende Energie aus.

5.2.2   Sinn und Zweck von Leadership

Aus dem Vorangegangenen wird deutlich, dass für die Anforderungen im VUCA-Umfeld Management alleine nicht mehr reicht. Leadership unterstützt kontinuierliche Veränderung und entwickelt einen geeigneten Umgang mit VUCA. Es schafft Voraussetzungen, dass sich Spezialisten ganz auf Fachfragen konzentrieren und Expertise einbringen können, stellt die Instrumente zur Verfügung und räumt Hindernisse aus dem Weg, kurz: verhilft den Mitarbeitern dazu, ihr Bestes zu geben. Neudeutsch: Leadership enabelt. In diesem Zusammenhang wird häufig auch von „servant leadership" gesprochen – eine auf Robert Greenleaf zurückgehende Führungsphilosophie (1970). Wir sehen die Verwendung dieser Terminologie kritisch. Schließlich impliziert das Wort dienen, wenn nicht gar ein Machtgefälle, so doch in jedem Fall das Zurückstellen der eigenen Persönlichkeit. Auch sind Werte wie Selbstwert, Selbstbestimmung und Augenhöhe aus unserer Sicht nur schwer mit dem Wort dienen in Einklang zu bringen.

Gelebtes Leadership motiviert und setzt bei den Mitgliedern eines Teams/eines Unternehmens neue Energien frei, denn:

- Menschen arbeiten/engagieren sich gern für etwas/jemandem, der eine Vision und Ziele hat, die mit einem tieferen Sinn einhergehen, die transparent sind und wenn nötig, flexibel an veränderte Umstände angepasst werden.
- Jeder von uns wird gerne als Individuum gesehen, stark gemacht, ermutigt und befähigt.
- Gehört zu werden, gemeinsam auf Entdeckungsreise gehen und neue Ideen entwickeln, wie Bestehendes verbessert oder etwas völlig Neues entstehen kann, das ist wohl für die meisten von uns ein starker Motivationsfaktor.
- Wer sich darauf verlassen kann, dass er so viel Unterstützung und Freiraum bekommt, wie er braucht, um erfolgreich und „sein bestes Ich" zu sein, verschwendet seine Ressourcen nicht an Dienstwege, Flurfunk und Bauchgrummeln, sondern setzt Herz und Verstand für das ein, worum es eigentlich geht: das gemeinsame Ziel.

Organisationen, in denen es gelingt, das was so einfach klingt, auch umzusetzen und konsequent zu leben, werden weniger Schwierigkeiten haben, auch in einem engen Bewerbermarkt geeignete Mitarbeiter zu gewinnen, denn die Begeisterung und der Elan der Leader übertragen sich auf die Belegschaft, und die wird den Spirit des Unternehmens nach außen tragen. In persönlichen Gesprächen, auf (Fach-)Veranstaltungen und über die sozialen Medien – authentisch und überzeugend.

5.2.3   Können Sie Leadership?

Sich zum Leader zu entwickeln braucht Fokus, Zeit und Training. Und nicht jeder Mensch ist dafür geschaffen, d. h. es gilt zunächst zu überprüfen, für wen es überhaupt die richtige Rolle ist. Wer hervorragende Qualitäten in der Detailarbeit hat und sich verbiegen müsste, sollte den Weg erst gar nicht antreten, er tut niemandem einen Gefallen. Die heute weit verbreitete Unternehmenspraxis, diejenigen in Führungspositionen zu heben, die in ihrem Fachbereich hervorragendes leisten, führt daher nicht selten zu allseitigem Frust. Auf Seiten der Mitarbeiter, weil sie einen Vorgesetzten haben, dem es an sozialer und Leadership-Kompetenz mangelt und auf Seiten der Führungskraft, weil ihr Arbeitsgebiet immer mehr mit Team und Führung, und immer weniger mit dem zu tun hat, wofür sie brennt: fachliche Themen und Inhalte. Eine Lose-Lose Situation – auch für das Unternehmen.

Wer sich also mit dem Thema Führungskräfteentwicklung beschäftigt – für sich selbst und/oder andere – sollte sich zu allererst ein paar Fragen stellen (lassen). Was steckt in Ihnen persönlich? Sind Sie eine Führungskraft, in welcher Rolle fühlen Sie sich wohl, wenn Sie in Gruppen/Teams arbeiten? Wenn Sie zu der Überzeugung kommen, dass Sie sich in der Rolle des Leaders wohlfühlen können, ist es sinnvoll, Ihren Weg dorthin auszurichten und ein entsprechendes Training zu starten. Denn eines ist der Leader definitiv: Er ist authentisch. Nur dann kann er Glaubwürdigkeit, Sicherheit, Verlässlichkeit und Zuverlässigkeit ausstrahlen. Erfolgreiches Leadership lässt Dinge auf ganz natürliche Weise passieren, sie wirken nicht gewollt oder inszeniert. Das Zusammenspiel ist im Fluss, und nicht entlang eines vorher aufwändig inszenierten Prozesses. Und: Der authentische Leader verstellt sich nicht, kann Schwächen zugeben und auch sagen, dass es ihm mal nicht so gut geht. Das kann schon irritieren, passt es doch nicht wirklich zu dem Bild von einer Führungskraft, das wir über die letzten Jahrhunderte gelernt haben. Aber es macht den Leader zum Menschen, zu einem glaubwürdigen Individuum und nicht zu einer (wie auch immer begründeten) unfehlbaren Macht, und damit schafft ausgerechnet das Eingestehen von Schwächen ein tiefes Vertrauen in seine Fähigkeiten.

Der wirklich wertvolle Arbeitgeber sucht keine Schauspieler, sondern gibt allem einen Platz, was im Leben nun einmal da ist.

Auf dem Weg zum Leader und/oder zum wertvollen Arbeitgeber sehen wir, in Anlehnung an das Conscious Business Institut, zwei zentrale Herausforderungen, die es zu meistern gilt, damit das Unterfangen gelingen kann:

- Die Ausrichtung auf einen (tieferen) Sinn und das Schaffen einer dafür geeigneten Unternehmenskultur
- Die sinnvolle Zusammensetzung von Teams

5.2.3.1 Die Frage nach dem Warum – Sinn der Organisation

Jeder Mensch sucht in seinem Leben nach Inspiration, nach etwas, was ihn wirklich erfüllt. Führungskräfte bzw. Unternehmen, deren Ziel eben nicht die Maximierung von Geld, Macht und Einfluss ist, haben daher eine ganz andere Anziehungskraft. Der britische Journalist, Autor und Unternehmensberater Simon Sinek bringt den Unterschied in einem eingängigen Kurzvortrag,[8] sehr klar auf den Punkt. Er konstatiert: Wer nur reich und angesehen werden möchte, handelt aus seinem Ego heraus und gebraucht das Instrument der Macht. Wer jedoch einen Traum verfolgt und anderen eine Vision davon vermittelt, wohin es gehen kann, führt durch Inspiration, und dafür setzen sich die Menschen ganz anders ein, als nur für ein Gehalt zum Monatsende. Sie machen die Träume und Visionen ihrer Führungskräfte/ihres Unternehmens zu ihren eigenen – und damit geht es auch nicht mehr nur um jeden Einzelnen, sondern um das Ganze. Schon Antoine des Saint-Exupéry wusste: „Wenn du ein Schiff bauen willst, dann schicke nicht die Männer los, um Holz zu sammeln und Aufgaben zu verteilen, sondern lehre sie die Sehnsucht nach dem weiten, endlosen Meer."[9] Oder, wie Simon Sinek zum Ende seines Vortrags sagt: „Nicht umsonst lautet die berühmte Rede von Martin Luther King ‚Ich habe einen Traum' und nicht: ‚Ich habe einen Plan'.

Wenn Sie wissen, *warum* Sie tun, was Sie tun, und erst danach gemeinsam mit Ihrem Team über die Art und Weise, *wie* Sie es tun werden und über das (Produkt), *was* dabei herauskommen soll, nachdenken, ist die Basis für erfolgreiches Leadership gelegt. Nicht mehr und nicht weniger.

Jedoch nicht ganz, denn zum Gelingen braucht es, wie wir eben festgestellt haben, auch eine Kultur, einen Boden, auf dem sich die Beteiligten einer Organisation zum Besten von Allem und Allen einbringen können.

5.2.3.2 Die Kultur macht den Unterschied

Ziel ist es ja, aktuellen und potenziellen Mitarbeitern die feste Überzeugung zu geben, in Ihrem Unternehmen/in Ihrem Team goldrichtig zu sein – für diejenigen, für die es auch wirklich so ist. Wir gehen davon aus, dass Sie mit der Klarheit über Ihre eigene Ausrichtung auch genau diejenigen anziehen werden, die sich dem anschließen können und wollen.

Natürlich, von Sinn alleine kann erst einmal keiner leben. Sie nicht und Ihr Team/Unternehmen auch nicht. Sie brauchen auch den wirtschaftlichen Erfolg. Daher ist es wichtig, einer Transformation in diese Richtung die nötige Zeit einzuräumen; sie kann nur schrittweise, evolutionär erfolgen. Aber wenn Sie an Ihren Sinn, Ihre Vision, Ihren Traum (oder wie auch immer Sie es nennen möchten) glauben und nicht aus den Augen verlieren,

---

[8] Simon Sinek: Wie große Führungspersönlichkeiten zum Handeln inspirieren, gefilmt September 2009. Auf www.ted.com/talks

[9] Zitiert nach nature.net

wohin Sie eigentlich wollen, werden sich die Dinge mit allen Höhen und Tiefen so fügen, dass es kontinuierlich vorwärtsgehen kann. Denn die allermeisten Menschen in Ihrer Organisation werden mehr als bereit sein, auf ein größeres Ziel hin mitzuwirken, statt nur ihre täglichen ToDos abzuarbeiten, selbst wenn das Rückschläge und Mehrarbeit mit sich bringt. Bestimmt wird es auch Skeptiker geben, die gibt es immer. Vermutlich wird es Ihnen jedoch gelingen, unterwegs einige von ihnen – wahrscheinlich sogar die meisten – für Ihren Weg zu gewinnen; die übrigen werden ihren Sinn früher oder später woanders suchen, in einem anderen Team oder einem anderen Unternehmen.

Aber lassen Sie uns zunächst darüber sprechen, wie die gemeinsame Vision vom Kopf in die Füße bzw. wie Simon Sinek es formuliert: „von innen nach außen" kommt. Dafür sind Spielregeln nötig. Welche Regeln, welche Werte gibt es, an denen sich alle orientieren sollen? Und vor allem – handeln und leben diejenigen, die das Unternehmen gestalten, danach? Ein ganz zentraler Punkt. Denn Unternehmenswerte zur DNA einer Organisation werden zu lassen, funktioniert nur, wenn sie konsequent (vor-)gelebt werden. Ihre Visionen mögen groß und die Ziele hehr sein, aber sie müssen auch auf dem Boden der Realität Bestand haben, wenn Sie wirklich etwas bewegen wollen. Sonst passiert Ihnen das, was so häufig das (für alle Beteiligten frustrierende) Ende von Transformationen ist und mit „Culture eats Strategy for breakfast" viel zitiert und trefflich beschrieben wird.

Seien Sie ehrlich zu sich selbst und schauen Sie genau hin. Sind Sie bereit, das zu geben, sich zu erarbeiten und zu leben, was Sie von den anderen erwarten? Oder sind Ihre Ansprüche (für den Moment noch) zu hoch? Das soll kein Zweifel an Ihrer Integrität sein. Aber wir sind alle Menschen. Und es ist ganz normal, dass Denken und Handeln immer wieder mal auseinanderklaffen. Es sollte aber alles andere als die Regel sein. Die glaubwürdig gelebte Bereitschaft, selbst in die Verantwortung zu gehen, an sich zu arbeiten, wirkt ansteckend, es Ihnen gleichzutun – und natürlich gilt auch der Umkehrschluss, wenn sich „die da oben" nicht an das halten, was sie vorgeben, warum sollten es alle anderen tun? Kurz: Formulieren Sie die Werte und Regeln für Ihre Organisation so, dass Sie und alle Beteiligten sich damit identifizieren können und in der Lage sind, alles, was sie tun, daran auszurichten. Schließlich geht es um viel mehr als schöne Worte – es geht um einen gemeinsamen Geist, den Sie in Ihrem Team/Ihrem Unternehmen haben.

Im Folgenden finden Sie ein paar aus unserer Sicht sinnvolle Schritte, nach denen Sie vorgehen können, um diesen Spirit einzufangen und Veränderungen erfolgreich auf den Weg zu bringen.

Wenn Sie auf die Zielrichtung, Ihr Warum und Ihre Spielregeln blicken, werden Sie auf Widersprüche stoßen, Punkte, an denen es klemmt. Statt diese als unüberwindbar und Hinderungsgrund für eine nachhaltige Veränderung anzusehen, benennen Sie diese erst einmal so klar wie möglich. Bilden Sie geeignete, möglichst bunt über die gesamte Organisation und alle Hierarchien reichende Fokusgruppen, um die (vermeintlichen) Hemmnisse näher zu beleuchten, Schritt für Schritt zu bearbeiten und zu lösen. Geben Sie sich dabei die Zeit, die es braucht, bis sich das Bild, das entstanden ist, rund anfühlt.

Sie können viel bewegen, aber nicht, wenn Sie alleine sind. Stellen Sie deshalb ein Initiativteam zusammen, das (Mit-)Verantwortung für Veränderungen übernimmt. Teilen Sie Ihr Warum und Ihre Ideen für die geeigneten Spielregeln in diesem Initiativteam, gleichen Sie Ihre Gedanken miteinander ab, gehen Sie in den Dialog und finden Sie Ihren gemeinsamen Weg. Danach gehen Sie auf die Suche nach weiteren Stimmen im Unternehmen. Ein Leader hinterfragt und fragt. Er weiß, dass er nur ein Teil des Systems ist – und dass auch und gerade leise Stimmen, die nicht jede Gelegenheit dazu nutzen, sich in den Vordergrund zu stellen, oftmals die wertvollsten Puzzleteile beitragen können. Leise Menschen habe mehr Zeit zu beobachten und brauchen womöglich die aktive Aufforderung, ihre Beobachtungen zu teilen. Je nach Größe der Organisation eignen sich hierfür moderierte Kleingruppenarbeiten oder auch anonymisierte Abfragen über E-Mail. Fragen Sie Ihr Team, Ihre Mitarbeiter und Kollegen, welche Kultur sie sich wünschen und welchen Menschen sie in einer Veränderungsinitiative gerne folgen, an wem sie sich orientieren möchten. Es gibt bereits Unternehmen, in denen Führungskräfte von den Mitarbeitern gewählt werden (und abgewählt werden können), und sie machen gute Erfahrungen damit.

Mit der Klarheit über das, woran Sie glauben und über die (realistischen) Spielregeln, geht es ans Doing. Schaffen Sie zum Beispiel eine Arbeitsumgebung, in der Menschen ihr Bestes geben und über sich hinauswachsen können, mit ausreichend zeitlichem, finanziellem und physischem Raum für Ideen und Innovationen, in der Produkte oder Dienstleistungen entwickelt werden können, die auch Kunden und Lieferanten Teil Ihrer Vision werden lassen. Wenn Ihnen all das gelingt, wird wohl kaum etwas anderes passieren, als dass sich auch die finanziellen Unternehmenswerte verbessern. Stellen Sie sich vor, welche Energie freigesetzt wird, wenn die Menschen inspiriert und voller Herzblut bei der Sache sind und sich nicht mit Blockaden, Konflikten und aneinander vorbeireden beschäftigen müssen!

Natürlich ist das alles nicht leicht, aber es lohnt sich. Und es ist alles andere als unrealistisch. Inzwischen gibt es mehr als ein Beispiel als Beleg dafür, dass es funktioniert – und immer mehr Unternehmen machen sich auf den Weg.

So auch die deutsche Tochtergesellschaft des US-amerikanischen Pharmariesen Eli Lilly and Company. Obwohl die amerikanische Mutter ihr Geschäft nach unveränderten Maßstäben betreibt wie zuvor. Schon nach den ersten Schritten entwickeln sich die finanziellen Ergebnisse im deutschsprachigen Markt positiv. Was geht in diesem Unternehmen vor? Zunächst ist die verantwortliche Geschäftsführerin der Auffassung, dass die Geschäftsführung nicht gleichbedeutend mit Allwissen und schon gar nicht mit Allmacht ist. Sie hört zu und gibt Mitarbeitern aller Ebenen, die mitgestalten wollen, die Möglichkeit, das auszuprobieren, was sie für die Organisation für sinnvoll halten. So hat sich ein Team von Querdenkern etabliert, das eine Change-Initiative ins Leben gerufen hat. Dieses Team fragt, lernt und nimmt sich – neben dem Tagesgeschäft – Raum und Zeit, Neues auszuprobieren und regelmäßige gemeinsame Erlebnisse zu fördern. Hier findet kein erlebnispädagogischer Klettergarten-Schnick-Schnack statt; es werden vielmehr intensiv hinterfragte, zielorientierte Maßnahmen getestet und das, was sich bewährt, in den Alltag integriert (z. B. wichtige Meetings mit einer Achtsamkeitsübung zu starten, um alle Beteiligten in den gegenwärtigen Moment zu holen). Die Geschäftsführung zeichnet sich also aus durch Mut, Vertrauen und Offenheit. Sie schafft die Voraussetzungen dafür, dass andere Dinge erproben, gestalten und entscheiden können, die bisher Chefsache gewesen sind. Die Devise lautet klar und deutlich: Transformation des Unternehmens über Anhebung des Bewusstseins, und zwar das jedes Einzelnen sowie das des gesamten Systems. Das Mitarbeiter-Feedback ist positiv, die Zahlen auch.

Die Kultur eines Unternehmens ist Grundlage und der Nährboden und muss auch, wie ein fruchtbarer Acker, regelmäßig bearbeitet werden[10] – aber wie gelingt die Zusammenarbeit in den Teams?

5.2.3.3   Mehr als nur *Mit*arbeiter – Erfolgreiche Teams gestalten

Teams so zusammenzusetzen und zu befähigen, dass sie die anstehenden Aufgaben bestmöglich erledigen können, ist Aufgabe des Leaders. Egal, ob Sie in einer traditionellen Organisation tätig sind oder in einem Umfeld, das Agilität bereits auf der Tagesordnung hat – jedes Team braucht mindestens eine Person, an der es sich orientieren kann. Es muss jedoch nicht immer dieselbe sein. Allerdings müssen die Rollen jedem klar sein.

Worauf gilt es bei der Zusammensetzung von Teams zu achten, abgesehen von der erforderlichen Fachexpertise, der Gestaltung eines sicheren Arbeitsplatzes und einer möglichst störungsfreien Arbeitsatmosphäre? Was macht erfolgreiche Teams erfolgreich? Oder andersherum gefragt: Welche Störfaktoren verhindern den optimalen Teamerfolg?

Überlegen Sie, hören Sie sich um, und Sie werden auf altbekannte Themen stoßen wie Missverständnisse, aneinander vorbeireden, die Schuld beim anderen suchen, eigene Gedanken werden nicht ausgesprochen, Wertungen, Vorurteile, Wettbewerb zwischen den Kollegen, zu wenig Vertrauen bzw. zu viel Kontrolle. Letztendlich geht es um nichts anderes, als um das, was Menschen immer und überall suchen: positive Beziehungen.[11] Auch bei der Arbeit.

Deshalb gelten auch für erfolgreiche Teams die gleichen Grundsätze wie für jede gelingende Beziehung: Offenheit, Wahrnehmung ohne Verurteilung, einander richtig Zuhören, Selbstverantwortung jedes Einzelnen, Konflikte als Chance für vertiefende Beziehung … Kommt Ihnen bekannt vor? Kein Wunder.

Es macht einen Unterschied, ob jemand versucht, seine Position durchzusetzen, oder ob er die Beiträge der anderen verstehen möchte, auch wenn sie jünger, unerfahrener oder fachfremd sind. Es macht einen Unterschied, abzuwarten und nur zu reagieren und darauf zu achten, auf seiner Position gut auszusehen oder aktiv und verantwortlich im Sinne der Organisation zu *agieren*. Es geht um klare Kommunikation. Und darum, *wirklich* zusammenzuarbeiten, auf Basis einer gemeinsamen, offenen Agenda. Es geht um Vielfalt und Einzigartigkeit der Beiträge Einzelner und darum, von dem Irrglauben abzurücken, es gäbe immer ein richtig oder falsch.

---

[10] Vgl. Scharmer: Theorie U – von der Zukunft her führen (2015), S. 35 ff.

[11] Vgl. CBI Culture & Leadership Program, Modul 2

Aufgabe des Leaders ist es, bei der Zusammensetzung von Teams über das Fachliche hinaus genau hinzusehen, welche Persönlichkeitstypen zusammenpassen. Manche Menschen liegen einfach so weit auseinander, dass ein Zusammenwirken kontraproduktiv wäre. Eine Möglichkeit herauszufinden, ob die Zusammensetzung passt, ist z. B. das Spiral Dynamics-Modell zur Teamentwicklung, mit dem die Entwicklungsstufen (des Bewusstseins) von Menschen/Systemen herausgearbeitet werden können. Menschen, die eng zusammenarbeiten, sollten in diesen Stufen nicht zu weit voneinander entfernt sein.[12] Aufgaben gibt es in (fast) jedem Unternehmen für (fast) jede Entwicklungsstufe. Nur sollte ein kreativer, ganzheitlich denkender Mensch nicht in einer zu abgegrenzten Aufgabe eingeengt werden und braucht seine Sparringspartner – genauso wenig sinnvoll ist es, hervorragend qualifizierte Menschen mit dem Bedürfnis nach Struktur und Ordnung mit lauter Freigeistern zusammenzustecken.

Am Ende, so Peter Matthies in seinem Leadership-Curriculum treffend, geht es bei uns Menschen immer um eines – beruflich wie privat, und das ist nicht zu trennen: *Es geht immer um Gefühle und Bedürfnisse.* Wenn Sie diesen Satz verinnerlichen und akzeptieren, dass Gefühle und Bedürfnisse individuell verschieden sind – und dann noch darauf achten, dass sich Menschen untereinander auf ihrem jeweiligen Weg unterstützen sowie einen offenen Umgang ohne „Hidden Agenda" miteinander pflegen,[13] ist ein großes Stück Weg schon gegangen.

Klingt gar nicht so schwer, oder? Wieviel positive Energie setzt es wohl frei, wenn Nicht-, oder nur hinter vorgehaltener Hand Gesagtes den eigentlichen Fluss der Themen nicht mehr behindert? Schwer vorstellbar. Und natürlich nicht von heute auf morgen zu realisieren. Deshalb: sprechen Sie mit- und nicht übereinander, immer wieder – freundlich und wertschätzend. So schaffen Sie Schritt für Schritt die Basis, für einen konstruktiveren Umgang miteinander.

5.2.3.4   Exkurs: Rolle, Rang und Privilegien[14]

Trotz aller guten Vorsätze, sich als Menschen zu begegnen, die anderen genau so zu schätzen, wie sie sind, und der Annahme, dass alle Menschen gleich wertvoll sind: Ein Zusammenleben und –arbeiten auf Augenhöhe ist vielfach nur eingeschränkt machbar. Gerade in Organisationen kommen uns dabei nämlich die Themen Rolle, Rang und Privilegien dazwischen. Grundsätzlich ist es aber immer möglich, dem anderen mit der inneren Haltung von echtem Interesse, vorurteilsfrei und nicht verurteilend zu begegnen.

Rollen

Immer dann, wenn Menschen miteinander in Beziehung treten, entstehen Rollen, und Organisationen brauchen bestimmte Rollen zur Erreichung ihrer Ziele. An Rollen werden gewisse Erwartungen gestellt. Und sie werden (hoffentlich) von Personen besetzt, die eine Neigung zu dieser Rolle haben. Es gibt sowohl manifestierte Rollen, über die ein

---

[12] Es gibt beispielsweise ein Kartenset beim „Berliner Team" mit Anleitungen für geeignete Übungen, um das herauszuarbeiten.

[13] Vgl. CBI Culture & Leadership Program, Modul 2

[14] Vgl. School of Facilitating, Berlin, April 2015: Prinzipien der Prozessarbeit.

Gruppenkonsens besteht, wie bspw. Abteilungsleiter, Geschäftsführer, Empfangssekretärin etc. Darüber hinaus gibt es Rollenpotenziale, die von mehreren Personen gleichzeitig
ausgefüllt werden können, bspw. „der Macher" oder „der Visionär". Die Sätze aus der Prozessarbeit „Ich bin größer als meine Rolle und meine Rolle ist größer als ich"[15] oder „Die
Rolle ist die Tasse und ich bin der Tee"[16] verdeutlichen, dass es weder eine Rolle gibt, die
den gesamten Menschen abbildet, noch die Möglichkeit, als Mensch eine Rolle so auszufüllen, dass alle an diese Rolle gestellten Erwartungen erfüllt werden. Rollen können also
vom Menschen gelöst werden (siehe Holakratie) und das ist sogar empfehlenswert. Denn
wenn auch zuweilen ungeliebt, halten Rollenwechsel flexibler und lebendiger, als wenn
ein und dieselbe Rolle immer an eine bestimmte Person gebunden ist.

Nicht so klar erkennbar, aber nicht weniger einflussreich, sind die sogenannten Geistrollen, in der amerikanischen Managementliteratur „white elephant in the room" genannt.
Geistrollen schweben im Raum und stehen für das, was niemand aussprechen möchte –
für eine Rolle, die niemand einnehmen möchte, weil es der (vermeintlichen) Gruppen-
identität, der Kultur, den Werten oder auch der politischen Korrektheit widerspricht. Geistrollen heißen zum Beispiel „das kann ich doch hier nicht sagen", „Flurfunk", „Innere
Monologe, die sich melden, wenn mich etwas stört", „Third party – eigentlich wird über
etwas gesprochen, das gar nicht repräsentiert ist", „wird hier *gegen* etwas gesprochen"
oder sogar „Angst überhaupt etwas zu sagen".

Sie beeinflussen das Wesen einer Gruppe massiv und können Bewusstsein-bildenden
Charakter haben. Geistrollen stellen sich in eine Polarität zu einer bereits eingenommenen
Rolle. Indem sie ausgesprochen werden, verwandeln sie sich in echte Rollen.

Ein Geschäftsführer ist wild entschlossen, mit seinem Führungsteam in die digitale Ära
einzusteigen. Er stellt die besten Prozesse und Werkzeuge zur Verfügung, signalisiert, dass
er bereit ist, eine Menge Geld zu investieren und lässt die Teams über Arbeitszeit und -ort
selbst entscheiden. Persönlich angetrieben von enormer Begeisterung für neue Technologien, glaubt er, damit müssten alle auf den Zug aufspringen und mitziehen. Warum es nicht
funktioniert? Die Geistrolle, die im Raum schwebt, heißt: „Wir hatten im vergangenen Jahr
auch ohne Technologiesprung das beste Jahr der Unternehmensgeschichte. Und das war
dem Geschäftsführer kein „Danke" an die Belegschaft wert, er hat es nicht einmal erwähnt!"

In einem Gruppenprozess, in dem dieser Schmerz auf den Tisch kommt – die Geistrolle also
zu einer echten Rolle wird – und bearbeitet werden kann, könnte sich diese Blockade auflösen.

Kurzum: Rollen sind da. Sie dürfen und sollen existieren. Indem wir das Bewusstsein
für sinnvolle und erforderliche Rollen schärfen, können wir uns Schritt für Schritt damit
befassen, sie auch auszufüllen, ohne Anspruch darauf, dass das dann für immer so bleibt.

---

[15] Vgl. Mindell, Amy & Arnold: Process-Oriented Psychology. Auf www.aamindell.net
[16] Satz von Max Schupbach, Quelle: School of Facilitating, Berlin, April 2015: Prinzipien der
Prozessarbeit

Je mehr Klarheit wir haben über Rollen und den Grad, wie diese ausgefüllt sind, desto bewusster sind wir uns über Stand und Potenzial einer gesamten Organisation (und desto gezielter können wir die Organisation entwickeln). Geistrollen in echte Rollen zu verwandeln, ist eine Herausforderung. Rollenbewusstsein kann beispielsweise mit der Methode des Psychodramas entwickelt werden. Verantwortungsvoll angeleitet können damit sowohl Umgang mit Situationen durch mehr Empathie und Verständnis erleichtert wie auch verhaftete oder unbrauchbare Rollen schrittweise aufgelöst werden.[17]

Ränge und Privilegien[18]
Eigentlich losgelöst von der Rolle in einer Organisation ist der Rang einer Person. Ränge sind in der heutigen Unternehmenswelt allgegenwärtig – haben allerdings mit Augenhöhe wenig zu tun. Entwicklungsgeschichtlich ergeben sich Ränge aus der Konkurrenz um begrenzte, überlebensnotwendige Ressourcen – ursprünglich waren dies Raum, Nahrung und Fortpflanzungspartner.

Die Konkurrenz um den Zugriff auf Basisressourcen ergibt sich aus den drei allgemeinen Gesetzen:

• Ressourcen sind endlich.
• Auf den Inhalt einer Ressource kann nur einmal zugegriffen werden.
• Der Selektionsvorteil eines Individuums wächst mit den Zugriffsmöglichkeiten.

Ränge entstehen also aus dem Glauben, es gibt nicht genug, aus einem Gefühl des Mangels heraus.

Ränge können entweder durch Geburt vermittelt (Herkunft, Schönheit, Geschlecht …), von der Umwelt verliehen (Besitz, Ansehen, Staatsangehörigkeit …) oder von uns selbst erworben werden (Besitz, Bildung, Können …). Bezüglich Dauer und Entwicklung von Rängen gibt es von uns selbst nicht beeinflussbare Ränge (Alter, Ethnos, Familie …), zementierte Ränge (nur schwer veränderbar – wie Kraft, Schönheit, Gender, Staatsangehörigkeit …), langsam veränderliche Ränge (Bildung, Wissen …), sprunghafte/kurzfristige Ränge (Beruf, Besitz, Ansehen, politische Orientierung …). Nach aktuellem Stand der Forschung wird nach unterschiedliche Rangebenen unterschieden[19]:

• sozioökonomischer Rang (sicht- und messbarer Rang, z. B. Herkunft und Erziehung, materieller Besitz, politischer Einfluss)
• psychologischer Rang (z. B. Selbstbehauptung, Empathie, Humor)

---

[17] Vgl. Schaller, R.: *Das grosse Rollenspiel-Buch*, Beltz 2006 (2. Auflage)

[18] Vgl. School of Facilitating, Berlin, April 2015: Prinzipien der Prozessarbeit

[19] Vgl. Fendel, Franz et al.: Die Kunst des Zusammenarbeitens: Sich selbst und andere wirksam führen, Haufe Lexware 2014, S. 42 ff.

- spiritueller Rang (Gelassenheit, innerer Friede, Glaube und Zuversicht)
- unternehmerischer Rang (anpackend, hartnäckig, pro-aktiv, verantwortungsbewusst und nutzenorientiert)
- künstlerisch-transformativer Rang (arbeitet mit Träumen, hat Gespür, wo Erfolg liegt, lebensbejahend, hohe Aufmerksamkeit in der Wahrnehmung und ausgeprägte Integrität)

Ränge gehen mit bestimmten Privilegien einher – Signale dafür werden teils offen, teils aber auch verdeckt ausgesandt. Alltagsbeispiele für Ränge und Privilegien sind: die Zuteilung von Firmenparkplätzen oder Büros je nach Größe und Lage, die Tiefe der Auslegeware oder das Veto-Recht bei Entscheidungen. Über Privilegien werden Ränge repräsentiert und kommuniziert. „No car, no phone, no title" – auf viele wirkt es noch ein bisschen befremdlich, wenn sich – wie es bei manch agil werdenden Unternehmen bereits der Fall ist – Unternehmensgründer und Geschäftsführer ohne Privilegien in die Mitarbeiterschaft einreihen.

Man kann es besonders in traditionellen Inhaber geführten Unternehmen beobachten: Ein Kollege, der qua Geburt mit Nachnamen genauso wie die Firma heißt, wird vom Großteil der Mitarbeiter mit anderen Augen – auf einem anderen natürlichen Ranglevel – betrachtet als andere Kollegen. Er tut gut daran, bewusst und offen mit dieser Wahrnehmung umzugehen und Klarheit darüber zu schaffen, für sich selbst und für alle Mitarbeiter, welche Rolle er wie ausfüllen möchte. Vor allem, wenn er Augenhöhe im Sinne eines wertvollen Arbeitgebers zum Ziel hat.

Ränge haben nicht notwendigerweise mit Hierarchie zu tun, sie können auch informeller Art sein. So steht zum Beispiel eine Empfangssekretärin, mit der viele Mitarbeiter seit 30 Jahren beim Kommen und Gehen Freud und Leid teilen, mit ihrem Unternehmenswissen informell absolut ranghoch.

Wir halten fest: Rollen, Ränge und Privilegien prägen den Unternehmensalltag. Während Rollen notwendig sind, um sich für die Erreichung der Unternehmensziele zu organisieren, entstehen Ränge dadurch, dass irgendwo ein Mangel empfunden wird, und es um die Privilegien zu rangeln gilt. Wertvolle Arbeitgeber und bewusste Leader sorgen für Rollenklarheit und machen sich vorhandener Ränge und Privilegien bewusst – und stellen zumindest die Überlegung an, was davon wirklich gebraucht wird.

5.2.4 Ownership

Während Leadership voraussetzt, dass es Führungskräfte gibt, also bereichsverantwortliche Personen, die zusammenhalten, steuern, motivieren und entscheiden, wird in Unternehmen, die Agilität anstreben, inzwischen immer häufiger von Ownership gesprochen. Im Ownership werden alle Mitarbeiter quasi zu eigenverantwortlichen Unternehmern (Ownership), die über eine gemeinsame Ausrichtung miteinander verbunden sind – auf demselben Hierarchielevel. Der entscheidende Haken daran: Viele der heute angestellten Mitarbeiter wollen so viel Freiheit/Verantwortung (noch) nicht.

So hat der Memo AG Gründer Jürgen Schmidt versucht, in seinem nachhaltigen Büro-material-Onlinehandel eine Ownership-Kultur umzusetzen und alle Mitarbeiter auch finanziell am Unternehmen zu beteiligen. Er scheiterte daran, dass ein Großteil der Mitarbeiter kein Interesse daran hatte. Da er der Auffassung ist, ein durchgängig nach-haltiges, wertvolles Unternehmen nur auf diesem Weg gestalten zu können, entschied er sich zum Verkauf des Unternehmens und ist heute als Berater im Terra Institut für Nachhaltigkeit tätig.

Für den Hinterkopf
Auf der Reise zu einem wertvollen Arbeitgeber wird Führung als authentisches und bewusstes Leadership, oder wenn möglich, auch als Ownership gelebt. Dafür werden Personen benötigt, die den ureigenen Weg für ein Unternehmen erarbeiten, gestalten und nachhaltig umsetzen.
Das heißt, es gilt:

- Eine Kultur und Struktur zu schaffen, die an einem tieferen Sinn ausgerichtet ist, der transparent gemacht und konsequent verfolgt wird.
- Über den gemeinsamen Sinn, gemeinsame Werte und Ziele die Grundlage für echtes Employee-Engagement und Commitment zu schaffen.
- Teams je nach Aufgabe so zusammenzustellen, dass sie erfolgreich sein können. Das heißt: die Einzigartigkeit jedes einzelnen Teammitglieds anzuerkennen, Vielfalt zu leben und die Zusammenarbeit so zu gestalten, dass sich die unter-schiedlichen Persönlichkeiten, Talente und Fähigkeiten möglichst ergänzen bzw. zumindest soweit kompatibel sind, dass sie nicht in völlig entgegengesetzte Richtungen streben.
- Die Haltung eines Lernenden einzunehmen, offen zu sein, alle Meinungen gelten zu lassen, zu schätzen und zu nutzen
- Ein Bewusstsein über Rollen, Ränge und Privilegien zu schaffen, für Rollen-klarheit zu sorgen und das, was Augenhöhe verhindert, zu hinterfragen, damit mögliche egoistische Eigeninteressen dem gemeinsamen Ziel der Organisation nicht entgegenstehen.
- Eine klare, angstfreie Kommunikation und das Einhalten von Commitments zu fördern, sowie Verlässlichkeit und Selbstverantwortung als verbindliche Teamwerte zu leben.
- Das Tagesgeschäft mit einem ganzheitlichen Blick bewusst und nachhaltig zu gestalten – auch wenn zunächst weniger kurzfristig zählbare Ergebnisse herauskommen.

- Finanzielle Ziele auf der Basis von wertebasiertem Handeln zu verfolgen mit dem Vertrauen, dass am Ende mehr dabei herauskommen wird.
- Wert darauf zu legen, dass die Menschen in ihrem Kontext achtsam und gegenwärtig sind.

Und nun? Haben Sie Lust bekommen und sind Sie bereit, sich auf den Weg in eine neue Arbeitswelt zu machen? Dann sollten Sie sich folgendes noch einmal ganz klar vor Augen führen: Sie haben ein Projekt vor sich, das sich nicht wie ein gewöhnliches Projekt von heute auf morgen oder in ein, zwei, drei Jahren umsetzen lässt. Sondern eines, das wohl nie abgeschlossen sein wird. Denn der Wandel setzt eine fundamentale Änderung im Mindset voraus – und er geht immer weiter. Diese Erkenntnis ist ein wichtiger Schritt. Denn damit geht es eigentlich los. Wenn Sie – wie wir – zu der Überzeugung gelangt sind, dass es die vermeintlich einfachen Dinge sind, die es zu ändern gilt, haben Sie schon etwas verändert – im kleinen Rahmen: Ihr Blick hat sich geweitet. Sie werden im Arbeitsalltag Dinge erkennen und anders betrachten können.

Wenn Sie sich auf den Weg ins Tun, an die Umsetzung machen, werden Ihnen Menschen begegnen, die skeptisch sind, den Kopf schütteln, Sie für naiv halten und Ihnen Steine in den Weg legen. Deshalb: Suchen Sie sich Verbündete. Es gibt mehr Menschen als Sie denken, die nicht mehr nur alles irgendwie unter einen Hut, sondern in Einklang bringen wollen. Sehen Sie sich nach Menschen und Unternehmen um, die bereits ein Stück Weg gegangen sind und sprechen Sie mit ihnen. Seien Sie aufmerksam, welche Themen Ihnen begegnen und finden Sie für sich heraus, was für Sie stimmig ist. Folgen Sie Ihren Impulsen und holen Sie sich jede Art von Unterstützung, die Sie für den jeweils nächsten Schritt benötigen. Kurz, haben Sie Mut, auf ein großes Ziel hinzuarbeiten – an den Symptomen haben Sie sich lange genug abgearbeitet. Wir sind sicher: Es wird sich lohnen. Denn wer in der komplexen Welt von heute und morgen bestehen will, wird mit den Denkweisen von gestern nicht weit kommen. Was auch immer bei alldem herauskommt: alles wird gut. Auch wenn wir heute noch nicht wissen, was „gut" ist …

5.3   Von VUCA zu „VUCA PRIME"

Unser Ausgangspunkt war die Erkenntnis, dass wir heute in einer VUCA-Welt leben, in der unsere gewohnten Methoden und Werkzeuge immer weniger greifen – und zwar in allen Lebensbereichen. So hilfreich, richtig und wichtig sie zu ihrer Zeit auch gewesen sein mögen – dazu kamen die Anforderungen und Bedürfnisse der Generationen, die neu auf den Arbeitsmarkt kommen, die zunehmende Sinnsuche (fast) aller aktiv am Arbeitsleben teilnehmenden Menschen sowie die Tatsache, dass wir die Augen vor den globalen Herausforderungen (natürliche Umwelt, soziale Ungerechtigkeit) nicht mehr verschließen

Abb. 5.2 Von VUCA zu „VUCA prime". Inhaltliche Quelle: http://culturalacupuncture.com/a-prime-way-to-make-sense-of-complexities-and-moving-targets/

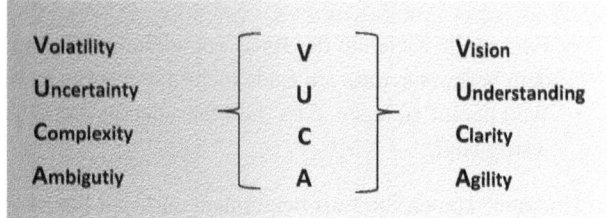

können, weil ihre Auswirkungen immer unmittelbarer spürbar werden. All das hat uns dazu veranlasst, nach Lösungen, nach Ansatzpunkten für nachhaltigere Veränderung zu suchen lassen. Wir haben tief geschürft und festgestellt: Wir sind nicht die einzigen und es werden immer mehr. Wir sind zu der Einsicht gelangt, dass wir uns einer echten und nachhaltigen Veränderung nur annähern können, wenn wir uns in mehr Tiefe vorwagen. Und wir haben erkannt, dass es kein „Endergebnis", keine klare Lösung geben kann und wird. So VUCA wie die Zeiten nun einmal sind, kann das Ziel nur heißen: bereit machen zum Surfen.

Wie das geht? Bob Johansen macht einen cleveren Vorschlag: Er besetzt VUCA einfach neu und nennt es VUCA prime[20] (siehe Abb. 5.2).

Damit schließt sich ein Kreis, denn wir verstehen VUCA prime wie folgt:

Die **Vision** vermittelt die Absicht, einen zukünftigen Zustand zu schaffen: wofür ein Mensch/Team/Unternehmen steht, und auf welchen Grundwerten er/es agiert. **Understanding** steht für Innehalten (Zeit und Raum geben), dafür, die Wahrnehmung – mit dem Bewusstsein über deren Subjektivität – zu schärfen, sich neue, zusätzliche Perspektiven einzuholen und dafür, der Intuition einen Platz einzuräumen. **Clarity** steht für die Klarheit auszusprechen, was den wirklichen Tatsachen entspricht: Die nackte Wahrheit mutig und offen zu benennen, ohne (Ver-)Urteil(ung) oder andere in ein schlechtes Licht zu rücken. **Agility** heißt hier: Offenheit für Neues. Ohne auf ein vorher definiertes Ergebnis abzuzielen – ergebnisoffen und nicht ergebnisgetrieben.

---

[20] Inhaltlich in dieser Form gefunden bei Cultural Acupuncture: A Prime Way To Make Sense Of Complexities And Moving Targets.

Der Beitrag des Einzelnen 6

Selbst wenn es noch einige Generationen dauern kann, bis eine neue Arbeitswelt für eine breitere Masse erkennbar, oder gar zum Normalzustand wird, so hat jeder von uns heute schon die Möglichkeit – wenn nicht gar die Pflicht – das Fundament dafür zu schaffen. Jeder von uns kann einen Beitrag dazu leisten, Arbeitgeber wertvoller zu machen, ganz gleich, in welcher Position er ist – und Sie können das erst recht. Wie? Ganz einfach: Indem Sie an einem Platz sind, der zu Ihnen passt und auf diesem Platz Ihr volles Potenzial entfalten, Ihre PS auf die Straße bringen. Gar nicht so einfach: Denn wie sollen Sie wissen, wo und was der richtige Platz für Sie ist, wenn sich alles im Wandel befindet?

Bewerber bzw. wechselwillige Mitarbeiter spiegeln uns vermehrt den Wunsch nach Sinn, nach mehr Einklang zwischen Berufs- und Privatleben, aber auch nach mehr Einklang mit Gesellschaft und Natur. Nach weniger Druck und mehr Erfüllung. Und die Arbeitgeber? Sie wünschen sich Mitarbeiter, die sich für das Unternehmen und das Unternehmensziel engagieren und dabei ihr volles Potenzial einbringen. Auch wenn es auf den ersten Blick nicht so aussieht: Im Grunde wollen beide das Gleiche.

Die einen suchen eine Aufgabe, die sie erfüllt und die anderen suchen Menschen, die in ihrer jeweiligen Aufgabe aufgehen.

Warum aber gibt es dann so viele Menschen, die vor allem ihre Aufgaben abarbeiten, und warum birgt der Arbeitsalltag so viel Konfliktstoff? Warum beschränkt sich die Arbeitsfreude bei so vielen darauf, sich von dem erarbeiteten Geld etwas leisten zu können, was das wirklich Lebenswerte ausmacht oder darauf, in der Arbeit dem einen Kollegen zu begegnen, den man mag? Warum ist es so schwer, eine Tätigkeit zu finden, für die man morgens gerne aufsteht, und die nicht davon abhängt, ein Lob vom Chef zu erhaschen, auf die Zuteilung zu einem spannenden Projekt zu warten oder auf der Karriereleiter einen Schritt weiter zu kommen?

Um darauf eine Antwort zu finden, folgen wir Scharmers These, dass es um die Überwindung des „spiritual divide" geht, also darum, nicht am eigentlichen Leben vorbei zu

© Springer Fachmedien Wiesbaden GmbH 2018
K. Eissfeldt, C. Jaeger, *So wird Ihr Unternehmen zum wertvollen Arbeitgeber*,
https://doi.org/10.1007/978-3-658-15549-0_6

leben – auch nicht in der Arbeit. Das impliziert die Notwendigkeit, den eigenen Weg, den richtigen Platz in der Arbeitswelt zu finden.

Das ist überhaupt nicht leicht und hat erst einmal nichts mit der Angebotslage auf dem Arbeitsmarkt zu tun. Denn wenn Sie mit Ihrem aktuellen Arbeitsplatz unzufrieden sind und Ihre Situation verändern wollen, sollten Sie sich zuerst darüber klarwerden, wie Ihr persönlicher Weg aussehen könnte. Andernfalls ist die Wahrscheinlichkeit sehr hoch, dass Sie dieselben oder ähnliche Themen, die Sie vermeiden möchten, bei einem neuen Arbeitgeber auf ähnliche oder auch andere Weise erneut einholen. Vielleicht ist ein Weg, eine Veränderung auch ohne Arbeitsplatzwechsel herbeizuführen, sogar die bessere Alternative?

Wir wollen Ihnen ein paar Möglichkeiten aufzeigen, wie Sie sich Ihrem individuellen Weg nähern können. Zunächst einmal: Es kann mehrere verschiedene Wege geben, die passen, und sie können sich auch im Laufe der Zeit verändern. Es mag ein bisschen nach Selbstfindungstrip klingen, doch schlussendlich kann jeder von uns sein volles Potenzial nur dann entfalten, wenn er mit sich selbst im Reinen ist. Und, nur um es noch einmal deutlich zu machen: die volle Entfaltung aller Potenziale ist die Basis für den nachhaltigen Erfolg einer jeden Organisation.

6.1   Selbstbewusstsein und Authentizität

Jeder Mensch ist angetrieben von seinen ureigenen Wünschen und Sehnsüchten. Mancher ist sich darüber bewusst, andere sind so sehr im Hamsterrad, so sehr damit beschäftigt, ihre verschiedenen Rollen zu spielen (von erfüllen kann keine Rede sein), dass sie sich gar keine Zeit dafür nehmen zu fragen, was sie wirklich wollen. Es ist aber ganz offensichtlich, dass immer mehr Menschen die Frage aufwerfen: „wozu das alles" und „wo bleibe *ich* dabei"? Doch obwohl gerade die jüngeren Generationen großen Wert auf Individualität und Erfüllung legen (schließlich sind sie als Einhörner groß geworden), werden Bewerbungsschreiben immer gestreamlinter. Unwahrscheinlich, dass sich in Floskeln wie „ … findet Ihr Unternehmen in mir einen teamorientierten Mitarbeiter … " oder „ … zeichne ich mich durch eine systematische Arbeitsweise aus … " die echte Persönlichkeit wiederfindet. Schade eigentlich.

Denn wir sind überzeugt davon, dass Authentizität einer, wenn nicht *der* Schlüssel für eine bessere Arbeitswelt ist. Für Mitarbeiter ebenso wie für Unternehmen. Ein Unternehmen wird authentisch, wenn das, was auf seinen Karriereseiten, in Broschüren und auf Messen kommuniziert wird, im Alltag gelebt wird. Das verhindert nicht nur Spott, Häme und Shitstorms, sondern wirkt anziehend und zwar genau auf die Leute, die zu Ihrem Unternehmen passen. Gleichzeitig wünschen sich immer mehr Unternehmen – zumindest auf dem Papier – Authentizität von ihren Mitarbeitern. Aber was ist Authentizität eigentlich?

Die Sozialpsychologen Michael Kernis und Brian Goldman formulieren dafür vier Kriterien[1]:

---

[1] Wikipediaeintrag „Authentizität"

- *Bewusstsein* – Ein authentischer Mensch kennt seine Stärken und Schwächen ebenso wie seine Gefühle und Motive für bestimmte Verhaltensweisen. Erst durch diese Selbstreflexion ist er in der Lage, sein Handeln bewusst zu erleben und zu beeinflussen.
- *Ehrlichkeit* – Hierzu gehört, der realen Umgebung ins Auge zu blicken und auch unangenehme Rückmeldungen zu akzeptieren.
- *Konsequenz* – Ein authentischer Mensch handelt nach seinen Werten auch für den Fall, dass er sich dadurch Nachteile einhandelt. Kaum etwas wirkt unechter als ein Opportunist.
- *Aufrichtigkeit* – Authentizität beinhaltet die Bereitschaft, seine negativen Seiten nicht zu verleugnen.

Authentizität bedeutet, dass das Handeln nicht von äußeren Einflüssen abhängt, sondern in der Person selbst begründet ist, das heißt, wenn der Mensch, wie wir es in der Charakterisierung des Leaderships finden, echt ist, als Original empfunden wird. Letztendlich also, wenn Gefühle, Gedanken, Worte und Taten im Einklang sind. Authentische Menschen vermitteln ein Gefühl von Resonanz. Manche Menschen wirken authentischer als andere – und das sind häufig auch diejenigen, die auf ihrem Gebiet Erfolg haben. Prominente Beispiele für Authentizität sind Nelson Mandela oder Martin Luther King, die aller äußeren Umstände zum Trotz ihrer eigenen Linie treu geblieben sind.

Für einen wertvollen Arbeitgeber sind authentische Persönlichkeiten Basis des Erfolgs – und diese Erkenntnis kommt auch mehr und mehr in traditionellen Unternehmen an. Wie also kommen Sie in Ihre Authentizität?

6.2   Zur eigenen Authentizität finden

Authentizität ist nicht messbar und keine zu erlernende Qualifikation. Vielmehr geht es wohl um einen Prozess des „Ent-Lernens", denn: Kinder handeln ursprünglich rein ihrem Gefühl nach – solange, bis sie durch die Reaktionen Anerkennung/Lob/Beifall oder Missbilligung/Vorwurf/Strafe durch die Eltern oder andere Bezugspersonen sukzessive konditioniert oder normiert werden.[2] Im Zuge der weiteren (für zwischenmenschliche Interaktionen unabdingbaren) Sozialisation entfernt sich der Mensch, mal mehr, mal weniger weit von seinem ursprünglichen Selbst. Also heißt es zurückzufinden zum eigentlichen Selbst, zu dem, womit jeder Einzelne den Unterschied macht.

Wenn es darum geht, herauszufinden, wo der richtige Platz für Sie in der Arbeitswelt sein könnte, fangen Sie mit ein paar einfachen Fragen an: Haben Sie Ihre Ausbildung Ihren Neigungen entsprechend gewählt oder aufgrund (vermeintlich) guter Verdienstmöglichkeiten oder Zukunftsperspektiven? Müssen Sie in Ihrem Beruf eine Rolle spielen, die Ihnen nur wenig entspricht?

---

[2] Vgl. Rosenfeld, Evelin: Authentizität – von Führungskräften ein oft unterschätzter Erfolgsfaktor. Auf businesswissen.de

Natürlich ist es notwendig, sich sozial anzupassen – der Schlüssel liegt darin, sich der *eigentlichen* Gefühle und Bedürfnisse bewusst zu werden und zu entscheiden, wann sozial erwünschtes Handeln einer authentisch ausgelebten Reaktion vorzuziehen ist. Für den Weg in die Authentizität, zum Ent-Lernen, genügt die rationale Ebene leider nicht. Denn um uns unserer Authentizität wirklich zu nähern, müssen wir an die Gefühle heran. Wir müssen wieder lernen, uns selbst zu spüren. Und zwar gerade nicht mit dem Ziel der Selbst-Optimierung und Selbst-Darstellung, mit der vielfach an Sport- und Gesundheits-programme – von Mucki-Bude über Lauftreff bis Yoga-Studio und Ayurveda-Akademie – herangegangen wird, sondern mit dem ganz einfachen Ziel: sich selbst zu erkennen.

Um:

- die Organisation auf einen tieferen Sinn auszurichten,
- neue Gedanken und Ansätze zu finden, wohin die Reise gehen soll (echte Innovation),
- als Menschen mit möglichst wenigen Reibungsverlusten durch Missverständnisse zusammenzuarbeiten,
- als Einzelner den bestmöglichen Beitrag zu leisten,

brauchen wir mehr Tiefe. Dies steht der Entwicklung der letzten Jahrzehnte, Rationalisie-rung, Effizienzsteigerungen und immer höheren Geschwindigkeiten entgegen. Da zahl-reiche Studien jedoch belegen, dass wir in Sachen Druck und Stress auf einen Höhepunkt zuzusteuern scheinen, hat der Begriff der Entschleunigung Einzug in die Arbeitswelt gehalten. Dafür genügt es aber nicht, in der Freizeit ab und zu mal ein Meditations-Wo-chenende einzuschieben oder eine Bergwanderung zu machen, und in der Arbeit geht es weiter wie bisher. Es braucht mehr, und zwar Tiefe, Zeit und Ruhe: bei der Findung von Entscheidungen, in jeder zwischenmenschlichen Interaktion und – mit sich selbst. Und zwar im (Arbeits-) Alltag und dauerhaft. Statt nur die Sach- und Kommunikationsebene, Wissen, Erfahrungen, Fähigkeiten und Fertigkeiten im Blick zu haben, geht es nun darum, den Fokus auf die Persönlichkeit umzulenken, auf das *Sein* des Menschen. Das ist alles andere als banal. Es geht um eine fundamentale Haltungsänderung.

Denn: Ist der Schlüsselfaktor für ein erfolgreiches Unternehmen der Grad an Authen-tizität der Menschen innerhalb der Organisation, bedeutet dies nichts Geringeres als dass das Sein vor dem Tun steht. Erst wenn der Mensch in seiner Authentizität ist und diese ausdrücken kann, statt sich an Erwartungen von außen auszurichten, wenn er das tut, was wirklich zu ihm passt, kann sich sein volles Potenzial entfalten, und damit zum Erfolg eines Unternehmens beitragen.

Während wir dieses Buch schreiben, erscheint im Februar 2017 der Film „From Business to being" von den Regisseuren Julian Wildgruber und Hanna Henigin, in dem Erfahrungs-berichte von ausgestiegenen Top-Managern mit modernen Neurowissenschaften, den wis-senschaftlichen Erkenntnissen von Scharmer und weiteren Disziplinen zusammengeführt werden. Auch sie kommen zu der Erkenntnis, dass die Ursache vieler heutiger Probleme darin liegt, dass der Mensch nicht *bei sich* ist. Das stützt die These: Es geht beim Menschen zu allererst darum, er selbst zu sein.

Hier ist der Dreh- und Angelpunkt, an dem eigentlich alles bisher Beschriebene zusammenfällt. Es ist die von Scharmer beschriebene Quelle, aus der das Handeln entspringt, der blinde Fleck, den es zu lichten gilt. Es ist die Basis für gelingende Kommunikation, die Agenda von Menschen in Interaktion zu erkennen, wie auch dafür, ein Bewusstsein über die in Interaktion ausgelösten Gefühle zu entwickeln. Es liegt der geforderten Offenheit zugrunde, der Loslösung von einem bestimmten, planbaren Ergebnis. Es ist die Basis des Erfolgs für ein Conscious Business, Und egal, welche der neueren Management-Methoden Sie sich ansehen: in den meisten spielt das *Sein* des Menschen eine zentrale Rolle. Ganz gleich, ob es um fachliche Innovation, um Kreativität, oder darum geht, Ideen und einzelne Mitarbeiter-Beiträge oder Stimmen hervorzubringen.

Das eigene, wahrhaftige Ich-Selbst-Sein erkennen, danach zu handeln und die Verantwortung dafür zu übernehmen – das ist der Beitrag des Einzelnen zu einem wertvollen Arbeitgeber. Mit anderen Worten: Es geht darum, sich seiner selbst bewusst zu werden und selbstverantwortlich damit umzugehen, denn das unbewusste Verhalten ist es, das uns die Probleme schafft, an deren Lösung wir Tag für Tag arbeiten.

Wir sehen uns also mit der Aufforderung des Orakels von Delphi konfrontiert: Erkenne Dich selbst. Oder, um mit den Worten von Scharmer zu sprechen, uns mit den Fragen der Presencing-Phase der Theorie U zu befassen: „Wer bin ich"? und „Was ist meine Aufgabe"? Sich selbst in diesem Sinne zu erkennen und danach zu handeln, bedeutet weder Egozentrik noch Narzissmus, sondern die Rückkehr in die Authentizität. Und das ist die Kernkompetenz des VUCA-Surfers. Um den Herausforderungen gewachsen zu sein, vor denen wir stehen, benötigt der Einzelne ein Bewusstsein über sich selbst als Individuum. Davon profitiert auch der Arbeitgeber und wird als Organisation wertvoller.

6.2.1   Wer bin ich?

Die große Frage eines jeden Menschen also. Gibt es darauf eine Antwort? Fragen wir mal andersherum: Wofür brauchen wir eine Antwort darauf? Über beide Fragen sind schon viele kluge Köpfe zerbrochen. Wir maßen uns nicht an, die Reihe fortzusetzen. Wir wollen Sie vielmehr dazu auffordern, sich auch im Arbeitsalltag immer wieder die Frage zu stellen: Entspringt meine aktuelle Handlung, Reaktion, Entscheidung aus mir selbst – oder bin ich gerade dabei, die Erwartungen anderer zu erfüllen? Bin ich *ich*, wenn ich handle, oder handle ich, *um zu* … ?

Es ist ganz normal, Erwartungen zu erfüllen und etwas zu tun, um ein bestimmtes Ziel zu erreichen. Wichtig ist die Klarheit darüber, das Bewusstsein zu haben, dass es so ist. Dass wir uns davon lösen können, dass es ein richtig und falsch gibt, und stattdessen die Dinge und die anderen so sein lassen können, wie sie sind. Wir sind bewusst, wenn wir uns darauf konzentrieren, was unser eigener Teil ist – also die Aufmerksamkeit auf uns selbst und nicht auf die anderen richten.

Die Herausforderung dabei ist, dass wir es gewohnt sind, in der Arbeit nur den rationalen Ebenen Raum zu geben, dem, was wissenschaftlich fundiert, nachweisbar oder logisch erklärbar ist. Aber: Gefühle sind immer dabei. Warum sie also nicht hervorholen und sinnvoll einsetzen? Sicher mag es dem einen oder anderen zu weit gehen, seine Gefühle in die Arbeitswelt hineinzutragen, schließlich sind Gefühle etwas sehr Privates. Das ist in Ordnung. Es geht auch nicht darum, sie uneingeschränkt mitzuteilen oder gar auszuleben. Es genügt zunächst, die Aufmerksamkeit darauf zu richten. Denn die Antwort auf die Frage „Wer bin ich" übersteigt den mit Worten zu beschreibenden Bereich, es ist mehr, als allein mit dem Kopf zu erfassen ist. Wir können uns nur annähern, und die aktive Entscheidung treffen, uns auf die Suche zu machen.[3] Zum Beispiel genauer hinzuschauen, womit wir ganz natürlich in Resonanz gehen. Wie Sie das merken? Vielleicht beginnen die Augen zu leuchten, Sie spüren plötzlich mehr Energie, sind auf einmal hellwach, es prickelt irgendwie … All das sind Zeichen, dass das, was gerade passiert, irgendwie mit Ihnen zu tun hat. Und vielleicht entdecken Sie auch, wofür Sie von anderen besonders gesucht werden.

Es müssen auch nicht gleich die „großen Gefühle" sein. Welchen Weg Sie gehen, ist unerheblich, es genügt die Überzeugung, dass Sie Ihrem Arbeitgeber, sich selbst und der Welt das Beste tun, was Sie tun können, wenn Sie Sie selbst sind.

Wir alle haben bestimmte Eigenschaften, unsere individuelle Spielwiese im Leben, tieferliegende Motive, die uns antreiben, finden Halt in unterschiedlichen Strukturen, sind mit ganz unterschiedlichen Lebensthemen und Herausforderungen konfrontiert, finden über verschiedene Wege zum Gleichgewicht, haben echte Gaben, und es gibt auch immer etwas, das uns fehlt. Kurz, jeder von uns hat seinen ganz individuellen Bauplan, seine Muster und Codes. Es gibt viele Wege, Strategien und Werkzeuge, diese zu entschlüsseln. Den meisten Menschen fällt es leichter, sich über mentale Modelle mit der eigenen Persönlichkeit zu befassen, und auch das ist eine Annäherung. Mit Blick auf gängige und heute erfolgreich eingesetzte Leadership-Programme finden sich mannigfaltige, mehr oder weniger validierte, unterschiedlich tiefgehende Instrumentarien und Tests, die vielfach in Organisationen eingesetzt werden. Dazu gehören u. A. der Myers-Brigg-Typenindikator, das Insights Discovery Persönlichkeitsprofil, das Reiss Profile, das Enneagramm, das DISG-Persönlichkeitsprofil, das Herrmann-Dominanz-Instrument, die Life Colors oder die Hogan Assessments, um nur einige zu nennen. Wenn Sie mehrere dieser Instrumente durchlaufen, werden Sie – methodenunabhängig – wiederkehrende Muster Ihres Typs finden, und dass es gewisse Menschentypen gibt, ist mehrfach validiert. Kenntnis über den eigenen Persönlichkeitstypus (wie auch den von Menschen, mit denen man häufiger zu tun hat), kann manche (Arbeits-) Situationen erleichtern. Wissen über eigene und fremde Eigenschaften und deren Wirkung im jeweiligen Kontext kann dazu dienen, gezielter an sich selbst und am Umgang mit anderen zu arbeiten, oder auch zu einem entspannteren oder gar humorvolleren Umgang in schwierigeren Situationen führen.

---

[3] wobei mit „suchen" eher „öffnen" gemeint ist. Eine allzu aktive Suche nach dem „Sein" wäre ja doch wieder „nur ein Tun".

Neben der Reflexion Ihrer Persönlichkeitseigenschaften und Fähigkeiten, geht es bei der „Wer bin ich-Frage" insbesondere darum, sich bewusst zu machen, welchen Unterschied es macht, wenn Sie da sind. Das geht über die Beschreibung von Ergebnissen eines Persönlichkeitstests[4] hinaus. Worauf es ankommt ist, stetig möglichst bewusst auf sich, eigene Reaktionen, Gefühle, Vorlieben und Handlungen zu achten, um einem Gesamtbild von sich selbst und den eigenen Motiven zunehmend näher zu kommen.

6.2.2 Was ist meine Aufgabe?

Jeder von uns hat bestimmte Gaben, Talente und Fähigkeiten. Naturgemäß fällt uns die Arbeit leichter und macht mehr Freude, wenn wir etwas tun, das diesen Gaben entspricht. Wenn Sie also Aufgaben übernehmen, die Ihnen liegen, haben nicht nur Sie etwas davon, sondern auch die Organisation.

Also geht es darum, einen Platz in der Arbeitswelt zu finden, an dem Sie die Möglichkeit haben, Ihre Talente sinnvoll einzusetzen. Zum anderen, dass Sie innerhalb einer Situation ein Gespür dafür haben, welcher Beitrag zu Ihnen passt – und wofür ggf. jemand anderes mit anderen Fähigkeiten besser geeignet wäre.

Die Arbeitsplatzwahl ausschließlich anhand eigener Gaben und Fähigkeiten zu treffen, wäre zu kurz gesprungen. Schließlich wollen Sie ja noch etwas dazulernen und sich weiterentwickeln. Auch andere Faktoren wie finanzielle Aspekte oder räumliche Flexibilität spielen bei der Wahl des Arbeitsplatzes eine Rolle. Dennoch: Es lohnt sich, sich bewusst zu werden, worin Ihre besondere Kompetenz liegt – wofür Sie stehen und einstehen können. Denn selbst wenn Sie zu dem Schluss kommen, dass Ihre Arbeit ganz in Ordnung ist, obwohl Sie damit nicht direkt einer Berufung folgen: Sie können in Ihrer Authentizität sein, wenn Sie ohne größeren Widerstand und vor allem ohne Frust arbeiten und Ihre eigentlichen Talente, Ihre Entfaltung im privaten Umfeld ausleben. Wichtig ist, dass Sie sich über Ihre Motive und Bedürfnisse im Klaren sind und wissen, wo Sie sie bedienen können. Je höher Ihr Bewusstsein darüber ist, was Ihnen *eigentlich* entspricht, desto eher können Sie auch den passenden Job erkennen, wenn er sich Ihnen bietet – und ggf. zugreifen.

Um herauszufinden, was Ihnen wirklich liegt, bietet der Psychologe und Glücksforscher Mihály Csíkszentmihályi einen griffigen Anhaltspunkt: sich „im Flow" zu erleben. Flow erleben beschreibt ein „besonders positives emotionales Erleben bei einer Tätigkeit, das dadurch charakterisiert ist, dass eine Person ganz auf ihr Tun konzentriert ist und darin aufgeht, sich selbst dabei vergisst, das Zeitgefühl weitgehend verloren ist (,Die Zeit vergeht wie im Flug'). Dieses emotionale Erleben kann sich dann einstellen, wenn die wahrgenommenen Anforderungen der Tätigkeit den Fähigkeiten entsprechen. Der Anreiz

---

[4] Es gibt Menschen mit der Gabe, andere Menschen in ihren naturgegebenen Eigenschaften, Stärken und Entwicklungsfeldern umfassender zu „sehen". Da sich dies (bisher) wissenschaftlichen Beweisen entzieht, findet eine solche Anwendung eher im Verborgenen statt.

bei einer solchen Handlung liegt nicht in erwarteten Handlungskonsequenzen (extrinsische Motivation), sondern in der Ausführung der Handlung selbst (intrinsische Motivation)".[5]

Flow-Gefühl kann in vielen Bereichen erlebt werden, es im Arbeitsalltag als Dauerzustand anzustreben, ist unrealistisch. Es hilft jedoch dabei, Ihren Fähigkeiten auf die Spur zu kommen, wenn Sie sich fragen, wann Sie in Ihrem Leben Flow empfinden. Und dies wiederum hilft dabei, wenn Sie es möchten, im Arbeitsleben einen Platz zu finden, an dem Sie Ihr Potenzial entfalten können – die Organisation wird es Ihnen danken.

Um noch mehr über Ihre Gaben, Talente und Fähigkeiten herauszufinden, gibt es verschiedenste Wege. Es ist nicht wichtig, welchen Weg Sie gehen, eigentlich genügt es, sukzessive bewusster zu erleben, was Ihnen liegt und was nicht, zu spüren, wohin es Sie von innen heraus zieht. Achten Sie nur darauf, dabei zwischen Ihren natürlichen Talenten und Ihrem Bild davon, wie Sie gerne wären, zu unterscheiden.

Wir möchten Sie ermutigen, darauf zu vertrauen, dass es für jede Gabe, und klingt sie zunächst noch so banal, einen Platz, eine sinnvolle Einsatzmöglichkeit gibt.

Und je mehr Menschen das tun, was wirklich zu ihnen passt, desto besser kann sich auch eine Organisation entwickeln – und damit auf VUCA-Herausforderungen reagieren.

6.2.3   Die Wege in Einklang bringen

Stellen Sie sich vor, dass Sie in einer Aufgabe tätig sind, in der Sie Ihre persönlichen Ziele mit denen der Organisation in Einklang bringen können. Es sich also nicht ausschließt, auch in der Arbeit Ihre Authentizität zu leben, damit die Organisation erfolgreicher zu machen und gleichzeitig eines Tages aus dem Lehnstuhl heraus auf ein erfülltes Leben zurückzublicken. Wir glauben nicht, dass das Gefühl der Erfüllung aus einer erreichten Hierarchieposition resultiert, oder gar aus Dingen, die man sich im Leben kaufen kann. Menschen, die Zufriedenheit, Ausgeglichenheit, Leichtigkeit, Stärke und Freude ausstrahlen, tun das, weil sie ihren ureigenen Weg gefunden haben, und ihre Zeit (größtenteils) mit etwas verbringen, das ihrem wahren Selbst entspricht. Dafür gilt es herauszufinden, was wir wirklich brauchen, welche individuellen, tieferen Treiber unser Denken und Handeln bestimmen. Bei dem einen mag der Wunsch nach Freiheit und Selbstbestimmung dominieren, bei anderen der Wunsch nach Verbundenheit. Der eine braucht viel körperliche Bewegung, der andere vor allem Ruhe. Wie auch immer, wichtig für Authentizität ist, sich nach den ureigenen Maßstäben auszurichten: Das eigene Sein mit all seinen Ausprägungen und Gaben als *Daseinszweck* zu verstehen und darauf zu achten, dass dies möglichst weitgehend in Einklang mit dem Daseinszweck der Organisation steht.

Den richtigen Weg für sich zu finden ist kein leichtes Unterfangen. Wahrscheinlich dauert es das ganze Leben lang. Macht nichts, denn: allein schon mit zunehmender

---

[5] Zitiert nach Gabler Wirtschaftslexikon http://wirtschaftslexikon.gabler.de/Archiv/78176/flow-erleben-v4.html

Klarheit über die eigene persönliche Ausrichtung und der Bereitschaft, sich dieser immer bewusster zu werden, bewegen Sie sich ein Stück weiter in Richtung Authentizität – in Ihre eigene Weiterentwicklung und gleichzeitig die der Organisation, in der Sie arbeiten. Deswegen: Freuen Sie sich an jedem kleinen Schritt, an jeder kleinen Veränderung, die Sie wahrnehmen.

Für den Hinterkopf
Der größte Beitrag, den Sie als Einzelner auf dem Weg zum wertvollen Arbeitgeber leisten können ist, sich Ihrer authentischen Persönlichkeit bewusst zu werden und sich auch so zeigen – aus einer Haltung heraus, in der das *Sein vor dem Tun* steht. Idealerweise wirken Sie an einem Platz, an dem Sie möglichst viel von dem tun, was Ihnen wirklich liegt. Sie sind sich über Ihre Motive und Bedürfnisse im Klaren und Ihre Handlungen sind mit Ihrer persönlichen, authentischen Ausrichtung im Einklang. Sie unterstützen andere dabei, es genauso zu tun und tragen damit dazu bei, dass Stress, Druck und Anstrengung im Arbeitsalltag nachlassen.
Der Versuch, Authentizität mit Worten oder anhand von Modellen zu erfassen, stößt an Grenzen, aber Sie können sie *fühlen*. Eine bewusst gesteigerte Achtsamkeit kann Ihnen dabei helfen, sich auf sich selbst zu besinnen, sich zu zentrieren und den VUCA-Surfer in Ihnen zu entdecken. Das ist keine Esoterik, schließlich bestätigt der derzeit meist beforschte Bereich der Neurowissenschaft, dass über gezielte Achtsamkeit die Leistungsfähigkeit des Gehirns gesteigert wird.[6] Achten Sie jedoch darauf, dass Achtsamkeitspraktiken nicht zum Projektmanagement oder zu Pflichtübungen werden, sonst besteht die Gefahr, dass Sie bald wiederum davon gestresst sind.
Es geht darum, die plappernden Gedanken in Ihrem Geist und all die Reize, die auf Sie einprasseln, zwar wahrzunehmen, sich von ihnen aber nicht ablenken zu lassen. Stattdessen Ihre Aufmerksamkeit darauf zu richten, voll und ganz bei sich selbst zu sein. Das ist etwas völlig anderes als die emsige Betriebsamkeit, das Multitasking oder der dynamische Aktionismus, der in der Arbeitswelt, wie wir sie kennen, für Produktivität und Leistung steht.
Wertvolle Arbeitgeber vertrauen, darauf, dass es für alle, für Sie und die Organisation, ein Gewinn ist, wenn Sie, statt eine sozial erwünschte Rolle zu spielen, Ihr tatsächliches Selbst einbringen – und falls Sie eine Rolle übernehmen, dass Sie zwischen Rollenanteilen und dem, was wirklich zu Ihnen gehört (was Sie sind), unterscheiden können.

---

[6] Vgl. Creutzfeld, Notebaert: Wie das Gehirn Spitzenleistungen bringt: mehr Erfolg durch Achtsamkeit – Methoden und Beispiele für den Berufsalltag, 2015, 1. Auflage, Frankfurter Allgemeine Buch

6.3   Stolpersteine erkennen

Es klingt schon ein bisschen wie im Märchen: Wenn es uns gelingt, in die eigene Authentizität zu finden, trägt dies ebenso zu den besten Ergebnissen für das Unternehmen bei, wie
zu unserer persönlichen Erfüllung.

Wenn es so einfach ist, was hält uns dann noch ab? Zu allererst einmal: Die Macht
der Gewohnheit. Unser Verständnis von Arbeit hat sich über Generationen hinweg entwickelt und in unseren Köpfen und in unserer Kultur verankert. In einen so essenziellen Teil
unseres Lebens neue Handlungs- und Denkweisen an den Tag zu legen, ist etwas anderes,
als es sich nur endlich zur Gewohnheit zu machen, jeden Tag einen Apfel zu essen, und
schon das ist schwer genug.

Wir kommen also nicht umhin, uns mit unseren eigenen Blockaden und Mustern auseinanderzusetzen. Keine Sorge: Wir werden jetzt keinen Therapieversuch mit Ihnen starten!
Wir werfen lediglich einen kurzen Blick auf die Wirkungsweisen emotionaler Prozesse
und geben Ihnen ein paar Ansatzpunkte, worauf Sie Ihre Aufmerksamkeit richten können.
Emotionale Intelligenz und Resilienz gehören zu den Trend-Themen der letzten Jahre.
Denn die Erkenntnis, dass es auch und gerade zwischenmenschliche Themen sind, die
unseren Arbeitsalltag belasten und Differenzen unüberwindbar erscheinen lassen, ist nicht
wirklich neu. Wer sich in der eigenen Gefühlswelt besser auskennt, kann einen reiferen
Umgang mit Stress- und Konfliktsituationen entwickeln und dazu beitragen, Reibungsver-
luste in der Zusammenarbeit aus dem Weg zu räumen.

Aber zurück zu Ihnen. Sie kennen das: Es gibt Tage bzw. Situationen, in denen alles fast
wie von selbst klappt, Sie fühlen sich stabil und im Fluss. Dann ist es nicht schwer, Ihre
positiven Eigenschaften und Gaben zur Entfaltung zu bringen und auch wenn noch so
viele Anfragen und Aufgaben auf Sie einprasseln: Sie bringt das nicht aus der Balance.
Das ist aber nicht immer so und muss auch nicht so sein. Schwierige Situationen gehören
zum Leben dazu und in jeder Persönlichkeit liegen neben Licht- auch Schattenseiten, die
sich über die Erfahrungen und Verletzungen in der Vergangenheit aufgebaut haben. Wenn
es Ihnen gelingt, das – vor allem für sich selbst – zu akzeptieren, ist schon viel gewonnen.
Denn, um besser mit schwierigen Situationen klarzukommen und um grundsätzlich etwas
zu verändern, kommen Sie nicht umhin, Verantwortung für Ihre Handlungen zu übernehmen und für die Gefühle, aus denen Ihr Verhalten entspringt.

Dazu gehört zu erkennen, dass jeder Mensch – egal ob Vorgesetzter, Kollege, Mitarbeiter, Kunde oder eine andere Bezugsperson – und jede Situation, die bei Ihnen ein
Gefühl auslösen, lediglich Trigger von etwas sind, das bereits in Ihnen selbst liegt. Trigger
können universell oder erlernt sein.[7] Wie stark Sie auf einen Trigger reagieren, hängt von

---

[7] Nach aktuellem Stand der Gefühlsforschung gibt es Trigger, mit denen Menschen geboren werden,
wie z. B. das Gefühl, nicht sicher zu sein, oder zurückgewiesen zu werden und Trigger, die kulturell
bzw. persönlich erlernt sind, wie z. B. zu Unrecht beschuldigt zu werden oder an Status zu verlieren.
Vgl. http://atlasofemotions.org/

Ihrer eigenen Verfassung ab, von Ihrer Stabilität. Sie können Trigger als Hinweis nehmen, worin Ihre Verletzlichkeit liegt, oder auch, was Ihnen besondere Freude bereitet. Machen Sie sich bewusst, welche Trigger in Ihnen starke Emotionen auslösen, nehmen Sie Ihre Emotionen wahr, ohne jemand anderen dafür verantwortlich zu machen. Achten Sie auf Ihre eigene Stabilität. Lernen Sie, was zu Ihrer Stabilität beiträgt und was Sie schwächt. So finden Sie Schritt für Schritt zu einem intelligenten Umgang mit Ihren Emotionen. Das heißt: Sie können für sich entscheiden, an welchen Stellen Sie sich ein dickeres Fell zulegen können und wollen, und wo es sinnvoll ist, sich bestimmten Situationen nicht mehr länger auszusetzen, vielleicht eben doch lieber zu kündigen.

6.3.1 Gefühle, Emotionen und der ganze Rest

Lassen Sie uns noch einen Moment beim Thema Gefühle/Emotionen bleiben.[8]
Denn „ … ein genaueres Verständnis der Emotionen und Gefühle ist auch ein Beitrag zur Anthropologie im Sinn des antiken Mottos „Erkenne dich selbst", denn sie sind, wie Joseph LeDoux es formuliert hat, „die Fäden, die das mentale Geschehen zusammenhalten. Sie legen fest, wer wir sind – in unseren eigenen Augen und in den Augen anderer."[9]
  Die Wissenschaft diskutiert ausgiebig darüber, was zu unseren Grundgefühlen/Basisemotionen gehört. Der portugiesische Neurowissenschaftler António Damásio, der die weltweit größte neurologische Patienten-Kartei zusammengestellt hat, identifiziert fünf am meisten verbreitete Gefühle [emotions] (in anderen Quellen finden sich bis zu zwölf Grundgefühle): Glück, Trauer, Wut, Furcht, Ekel.[10] Er verknüpft diese mit entsprechenden Körperzuständen. Während Glück, Wut und Ekel gegenwärtige Gefühle sind, geht die Trauer in die Vergangenheit zurück und die Angst richtet sich auf etwas, das in Zukunft möglicherweise passieren könnte (aber nicht muss!).
  Als negativ empfundene Emotionen zeigen uns, dass aktuell vorhandene Bedürfnisse nicht erfüllt werden.[11] Damit kommen Muster hoch, für die wir uns oft selbst nicht sonderlich mögen.

---

[8] Die Unterscheidung zwischen Gefühl und Emotion ist vieldiskutiert. Wir verwenden das Gefühl für den gegenwärtigen Moment des Fühlens – die Emotion hingegen als ein mit vergangenen Erfahrungen aufgeladenes Gefühl. Wer sich mit einer differenzierten Analyse auseinandersetzen möchte, sei bspw. auf das Essay von Rüdiger Vaas in http://www.spektrum.de/lexikon/neurowissenschaft/emotionen/3405 verwiesen.

[9] Ebd.

[10] Vgl. Antonio R. Damasio: Descartes' Irrtum. Fühlen, Denken und das menschliche Gehirn. Aus dem Englischen von Hainer Kober. [Descartes' Error. Emotion, Reason and the Human Brain. G. P. Putnam's Son New York 1994] Paul List Verlag München 1 1995. Deutscher Taschenbuch Verlag München 1 1997, 3 1998. S. 206]

[11] Zu den existenziellen Bedürfnissen gehören nach der bekannten Maslowschen Bedürfnispyramide: die Grund- und Existenzbedürfnisse (zum Überleben notwendig), Sicherheit, das Sozialbedürfnis, Anerkennung und Wertschätzung und die Selbstverwirklichung. Vgl. http://www.abraham-maslow.de/beduerfnispyramide.shtml

Wenn zum Beispiel ein Kollege einen wirklich guten Beitrag zur Lösung eines Problems oder zur Verbesserung eines Prozesses leistet, von dem alle a) begeistert sind und b) profitieren können und wir – statt uns mitzufreuen, dass ein Durchbruch erzielt ist – mit einer mächtigen Wut im Bauch daneben sitzen. Wut auf uns selber, weil wir die Idee nicht selbst hatten, Wut auf die anderen, weil sie alle nicht sehen, wer eigentlich die Grundlagen für diesen Durchbruch gelegt hat ... Und natürlich noch einmal Wut auf uns selbst, weil wir nicht einfach „gönnen können".

Die Erkenntnis, dass zwischenmenschliche Konflikte ein Spiegel dessen sind, was in uns selbst angelegt ist, ist Grundlage, um eigenen Mustern auf die Spur zu kommen. Und erst das Bewusstsein über eigene Muster lässt uns einen adäquaten Umgang damit finden. Jeder Mensch hat Muster – sie gehören zum nicht sichtbaren Teil des Eisbergs. Die große Herausforderung liegt darin, die Muster bei sich und anderen zu erkennen und damit im positiven Sinn leben zu lernen. Für die Umsetzung gibt es eine ganze Reihe von interessanten Ansätzen, mit Lösungswegen von verhaltenstherapeutischer Natur.[12]

Für völlig unrealistisch halten wir die Verhaltenserwartungen, die aus Werbung, sozialen Medien und nicht selten aus Chefetagen an uns gestellt werden: dass es Ziel sein sollte, immer fröhlich, immer gut drauf und voller Energie zu sein. Also, dass eigentlich nur das Gefühl der Freude erlaubt und opportun ist. Was für ein Stress! Das bedeutet nicht, dass man stattdessen in der Arbeit seine Trauer oder Wut vor sich hertragen sollte. Die Wahrheit liegt wie meist irgendwo dazwischen. Statt dem „gut drauf sein" hinterherzugehen oder Trübsal zu blasen, sind mehr Ruhe, Ausgeglichenheit und Leichtigkeit erstrebenswert. Und auch negative Emotionen sind nichts Schlimmes – es geht nur darum hinzuschauen, und anstatt einem Konzept/einer Doktrin zu folgen, an den eigenen Kern heranzukommen.

Ein selbstverantwortlicher Umgang mit Gefühlen bedeutet, sie bewusst als das eigene Thema wahrzunehmen. Wenig hilfreich ist es, Emotionen *gegen* eine andere Person zu richten, da in diesem Moment ein Umgang auf Augenhöhe nicht mehr gewährleistet ist. In der Selbstverantwortung befinden wir uns also dann, wenn wir in Situationen, in denen wir angetriggert werden, unsere Emotionen bewusst wahrnehmen, sie aber weder manipulierend (als *Täter*), noch unterwürfig (als *Opfer*) gegen jemand anderen richten.

6.3.2   Von Opfern und Tätern

Wer unzufrieden ist, läuft Gefahr, sich als Opfer zu fühlen. Das gilt auch in der Arbeitswelt. Man fühlt sich abhängig von den Launen der Chefs/den Bedingungen des Arbeitgebers,

---

[12] Die im Folgenden genannten gehen davon aus, dass der Mensch ein ganzheitliches Wesen aus Körper, Seele und Geist ist und alles untrennbar miteinander verbunden ist: die Charaktertypen von Hippocrates (Sanguiniker, Melancholiker, Choleriker, Phlegmatiker), die Körperbaulehre von Kretschmer bis hin zu den Charakterpanzern nach dem Arzt und Psycho-(Körper-) therapeuten Wilhelm Reich, ausgeformt vom Bioenergetiker Lowen oder die Polaritätenpaare des CBI in Zusammenarbeit mit Jennie Marlowe.

weil es ja um das lebensnotwendige Einkommen geht. Das Spannende daran ist: Aus Opfern werden unglaublich schnell Täter. Schließlich sind andere Schuld an der eigenen Misere. Also wird munter drauflosgeschimpft, beschuldigt, geschmäht, bemitleidet (ja, auch ein „Oh du Arme, hat der böse Chef dich wieder einmal … " ist nicht so harmlos, wie es auf den ersten Blick daherkommt) … und schon werden vermeintliche Opfer zu echten Tätern.

Statt einfach mal vor der berühmten eigenen Tür zu kehren und sich zu fragen: a) Wie trage ich dazu bei, dass die Situation ist, wie sie ist? Und b) Was kann ich tun, damit es mir bessergeht? Natürlich steckt in uns allen immer noch die Vorstellung, dass arbeiten heißt, Opfer zu bringen. Aber: Sklaverei und Leibeigenschaft sind – zumindest in der westlichen Hemisphäre – glücklicherweise (weitgehend) überwunden. Wir müssen Bore-Out, Burn-Out, Kopf- und Rückenschmerzen nicht hinnehmen, denn wir sind frei zu entscheiden, wo und wie wir unser Geld verdienen möchten. Aber wir müssen Verantwortung übernehmen, und den Mut haben, uns unseren Gefühlen zu stellen und, statt eine Rolle zu spielen, unseren eigenen Weg gehen.

Ein hoher Anspruch, dem man sich schrittweise annähern kann. Die Erfahrung zeigt jedenfalls, dass es auch im professionellen Kontext gut ankommt, reflektiert mit den eigenen Gefühlen umzugehen und sie klar und freundlich zu benennen. Natürlich ist dies in einem Umfeld leichter umzusetzen, in dem eine offene Kommunikation gefördert wird, als dort, wo – im übertragenen und im Wort-Sinn – hinter verschlossen Türen gearbeitet wird.

6.4   Fünfmal Selbst-

Wir folgern aus den vorangegangenen Abschnitten, dass der wertvolle Beitrag des Einzelnen aus dem Selbst entspringt – und zwar in fünffacher Hinsicht:

Selbst-Bewusstsein

Für den Einzelnen gilt es, den sichtbaren Teil des eigenen Eisbergs sukzessive zu vergrößern, das heißt, sich die unbewussten Anteile des eigenen Denkens und Handelns bewusst zu machen. Dazu gehören Persönlichkeitseigenschaften, Talente und Fähigkeiten, Motive, Werte und Bedürfnisse, Emotionen und Verhaltensmuster und (immer wieder) eine Ausrichtung. Sich seiner Selbst bewusst zu werden heißt, sich selbst als ein Ganzes, in Verbindung mit allem anderen wahrzunehmen und sich über das eigene Sein und den eigenen Daseinszweck klar zu werden.

Selbst-Vertrauen

Dieses Vertrauen baut darauf auf, dass jeder Einzelne so wie er ist richtig ist mit allen Licht- und Schattenseiten. Die eigene Authentizität (wieder-) zu finden, authentisch zu handeln und die Bereitschaft, sein bestes Ich zum Vorschein zu holen und einzubringen, ist das Einzige, was wirklich zu tun ist und wird uns auf einen Weg bringen, der tatsächlich unserer ist, jenseits von Rollenspielen und Erwartungen anderer.

Selbst-Wert

Steht hier für die Augenhöhe zwischen allen Menschen. Jeder Mensch hat *seinen* Wert und leistet *seinen* individuellen Beitrag zum Gelingen eines Vorhabens/eines Unternehmens – keiner ist wichtiger als ein anderer, geschweige denn, ermächtigt zu dominieren oder angehalten, sich zu unterwerfen. Sich selbst und den anderen so anzunehmen, wie wir sind und in jedem dessen bestes Ich zu sehen, ist die Kunst des Selbstwertes. In einer echten Wertschätzung existieren weder dumme Kollegen noch unfähige Chefs, noch „Ich Arme". Aber es gibt Menschen wie Du und ich, die – um mit dem Bild einer Blume zu sprechen – mit vielzähligen ganz individuell ausgeprägten Blütenblättern ausgestattet und gewachsen sind, keiner ist wie der andere.[13]

Selbst-Verantwortung

Unseren Beitrag leisten wir, indem wir selbst die Verantwortung übernehmen, und zwar für all unsere Eigenschaften, Motive, Bedürfnisse, Entscheidungen, Handlungen, Gefühle und Verhaltensmuster. Das bedeutet auch, alles was von außen kommt so anzunehmen, wie es eben ist und als (willkommenes) Angebot zu sehen, neugierig die nächsten eigenen Entwicklungsschritte zu erkunden sowie einen Umgang mit dem, wie das Leben spielt, zu entwickeln. Leichter gesagt als getan und eine echte Lebensaufgabe. Jeder ist seines Glückes Schmied – und dieses Glück spiegelt sich wohl kaum in der Anzahl von Likes und Followers, in Selbstdarstellung und der Pflege (vermeintlich) sozialer Beziehungen wider. Es tritt zutage, wenn Interaktionen zwischen Menschen, in welchem Lebensbereich auch immer, im Fluss sind. Und dafür brauchen wir die Umkehr von „Du bist (Schuld)", „Wegen Dir (konnte ich nicht)" und ähnlichen Mustern hin zu „ich brauche" und bewusst getroffenen Entscheidungen, für die wir selbst die Konsequenzen tragen.

Selbst-Wirksamkeit

Mit der Klarheit darüber, wer wir sind und der bewussten Entscheidung dafür, was wir (im professionellen Kontext) tun, sowie durch einen reifen Umgang mit eigenen Emotionen bringen wir unseren individuellen Beitrag wirksam ein. Wir entfalten unsere individuellen Qualitäten, bringen unsere PS auf die Straße. Damit tragen wir aktiv zur kontinuierlichen Weiterentwicklung aller Systeme bei, in denen wir agieren. Es ist nicht zwingend notwendig, genau mit seinem besten Ich sein Geld zu verdienen (so schön es auch wäre), aber es ist ungemein hilfreich, sich darüber bewusst zu sein, dass es sich dann um eine Vernunftsentscheidung handelt. Denn dann können wir dafür sorgen, in anderen Lebensbereichen verstärkt unsere Aufmerksamkeit darauf zu richten, uns selbst gerecht zu werden.

Für den Hinterkopf

Der wertvolle Arbeitgeber benötigt authentische Persönlichkeiten und die richtigen Menschen am richtigen Platz. Das heißt: Es kommt auf jeden Einzelnen an, den

---

[13] Vielen Dank an Nicole Solka für dieses Bild

eigenen Weg zu gehen. Lassen Sie sich Zeit dafür. Haben Sie keine Erwartungen und lassen Sie auch mal Dinge auf sich zukommen. Manches erledigt sich von selbst, während sich ganz neue Türen öffnen. Achten Sie darauf, im Hier und Jetzt tatsächlich anwesend zu sein und beobachten Sie, wohin es Ihre Aufmerksamkeit zieht. Dazu tragen Sie bei, indem Sie sich auf sich selbst besinnen und Ihre jeweils aktuelle Gefühlswelt akzeptieren. Es darf sie geben, die Licht- und Schattenseiten, bei Ihnen und bei den anderen, wir müssen nicht perfekt sein. Wichtig ist es nicht, frei von als negativ empfundenen Gefühlen zu sein. Vielmehr gilt es zu erkennen, dass der Trigger Emotionen in uns auslöst, die bereits vorher da waren, und dass darin auch eine Chance liegen kann, alte, nicht mehr benötigte Altlasten aufzulösen. Es gilt, sich anderen Menschen gegenüber weder eine dominante, noch eine unterwürfige Position einzunehmen, sondern selbst die Verantwortung dafür zu übernehmen, mit Emotionen umzugehen, ohne sie anderen gegenüber auszuagieren. Und nichts von alledem muss von heute auf morgen klappen. Leisten Sie im Arbeitsalltag Ihren Beitrag einfach so gut es geht, es ist gut genug. Und freuen Sie sich an dem, was gut läuft, sind Sie dankbar, auch für Kleinigkeiten und wachsam, was das Leben Ihnen zeigt. Es geht um *Ihren* Weg – Fünfmal Sie selbst.

Geld ist kein Wert – Gemeinwohlökonomie

Zu guter Letzt wollen wir noch einen Blick über persönliche und Unternehmensgrenzen hinaus werfen: auf unser Wirtschaftssystem

Das vielgepriesene beste aller Systeme, die soziale Marktwirtschaft, ist am Ende: Laut einer Bertelsmann Studie (Juli 2010) wünschen sich derzeit 88 % der Menschen in Deutschland ein anderes Wirtschaftssystem.[1] Was ist passiert?

In den letzten Jahrzehnten ist der soziale Aspekt mehr und mehr in den Hintergrund gerückt. Die eigentlichen Ziele des Systems (Bedürfnisbefriedigung, Lebensqualität und Gemeinwohl) wurden zunehmend mit den Mitteln verwechselt (Geld, Kapital, Gewinn). Und zwar so gründlich, dass es schon fast selbstverständlich ist, Gewinne zu privatisieren und Kosten zu sozialisieren, d. h. auf die Allgemeinheit abzuwälzen. Dabei nur an die Rettung von notleidenden Banken zu denken, greift zu kurz. Denn die Folgen dieses auf kontinuierliches Wachstum ausgerichteten, dieses immer ungezügelteren „Höher, Schneller, Weiter", das unser Wirtschaften heute überwiegend beherrscht, haben ein weit größeres, globales Ausmaß. Und sie treten immer deutlicher zu Tage, nicht nur in den Ländern, in denen Arbeitskräfte günstig und gesetzliche Regelungen lax sind, sondern zunehmend auch bei uns. Vermutlich ist das, was wir heute an irreversiblen Veränderungen und Zivilisationskrankheiten in unserer näheren und weiteren Umwelt wahrnehmen nur die Spitze des (wohl bald nicht mehr vorhandenen) Eisbergs.

Ganz abgesehen von den sozialen und ökologischen Aspekten, gibt es auch ganz persönliche Beweggründe dafür, unser aktuelles Wirtschaftssystem in Frage zu stellen. Materieller Wohlstand allein macht nicht glücklich und Konsumfreude ist meist nur von kurzer Dauer. Diese vermeintlich so banale Erkenntnis, die wir bereits bei der Generation

---

[1] Basis für diesen Abschnitt sind die Ausführungen von Christian Felber, dem Geistesvater der Gemeinwohlökonomie aus diversen Texten und Interviews. Diese sind, wie auch weiterführende Informationen zu diesem Thema auf www.ecogood.org/de zu finden.

© Springer Fachmedien Wiesbaden GmbH 2018
K. Eissfeldt, C. Jaeger, *So wird Ihr Unternehmen zum wertvollen Arbeitgeber*,
https://doi.org/10.1007/978-3-658-15549-0_7

Praktikum ausgemacht haben, wirft bei immer mehr Menschen die Frage nach dem Sinn des eigenen Lebens und Strebens in der Gesellschaft auf. Viele von uns stehen unter Stress, rasen von Termin zu Termin, wissen aber im Grunde gar nicht, warum sie das tun, wenn es nicht (mehr) um das größere Auto, das schönere Haus oder den exotischeren Urlaub geht. Und auch wenn soziale Netzwerke, Partnerportale und moderne Kommunikationsmittel es uns leichter den je machen, mit anderen in Kontakt zu treten: Das Gefühl der Einsamkeit, der Vereinzelung bleibt nicht nur, es wächst.

Unser Wirtschaftssystem hat seine Strahlkraft verloren. Es waren nicht zuletzt McDonald's und Coca-Cola, VW und die Deutsche Bank, jene heißgeliebten Ikonen der Wirtschaftswunderwelt, in der wir gut gelebt und an die wir trotz aller Zweifel noch weitestgehend geglaubt haben, die den Bogen überspannt haben. Sie öffneten einer Mehrheit die Augen dafür, was passiert, wenn man die Märkte mehr oder weniger sich selbst überlässt. Mit dem Ziel, Alternativen dazu zu entwickeln, hat sich 2010 eine zivilgesellschaftliche Wirtschaftsreformbewegung gebildet: Die Gemeinwohlökonomie. Sie versteht sich als ein entwicklungsoffenes Konzept, bei dem Politik, Unternehmen und Gesellschaft in einem demokratischen Prozess zusammenarbeiten, um ein zukunftsfähiges Wirtschaften zu entwerfen, zu präzisieren und zu realisieren.

Die Gemeinwohlökonomie geht von zwei grundlegenden wissenschaftlichen Erkenntnissen über die menschliche Natur aus:

1. Das Streben nach Gerechtigkeit und ein Sinn für Nachhaltigkeit liegen ebenso im Wesen des Menschen wie Gier und Rücksichtslosigkeit.
2. Konkurrenz ist nicht die effektivste Motivation. Ein solidarisches, partnerschaftliches Umfeld, das von gegenseitiger Wertschätzung, Vertrauen und Ehrlichkeit geprägt ist, dagegen schon.

Aus diesen Grundannahmen ergeben sich die Leitgedanken der Gemeinwohlökonomie: Menschliche Beziehungswerte sollten auf das Wirtschaften übertragen werden, denn das führt zu höherer Motivation bei allen, sich für gemeinsame Ziele zu engagieren. Zudem sollte sich der Anreizrahmen des wirtschaftlichen Systems ändern. Das heißt, ethische Werte (wieder) in den Vordergrund des wirtschaftlichen Handelns zu stellen und ethisches Handeln zu belohnen – z. B. durch steuerliche Vergünstigungen, günstigere Kredite etc. Das, was die Generation Biedermeier im Kleinen sucht, indem sie sich nach Arbeitgebern umsieht, bei denen Werte wie Diversity, CSR und Nachhaltigkeit keine zeitgeistigen Lippenbekenntnisse, sondern gelebte Kultur sind, will die Gemeinwohlökonomie zum volkswirtschaftlichen Prinzip machen.

Im ersten Schritt hat sie dazu die Gemeinwohlbilanz als Maßstab für ethisches Handeln entwickelt. Hier werden zentrale ethische Werte wie Menschenwürde und Solidarität, ökologische Nachhaltigkeit, soziale Gerechtigkeit und demokratische Mitbestimmung in Bezug auf Mitarbeiter und Kooperationspartner/Zulieferer, Kunden und Gesellschaft eines Unternehmens nach einem Punktesystem bewertet. Und auch wenn eine positive Gemeinwohlbilanz heute noch nicht unmittelbar zu Vergünstigungen führt, für Unternehmen ist sie dennoch ein Gewinn. Denn ganz im Sinne von „tue Gutes und rede darüber" zeigt sie Kunden und (potenziellen) Mitarbeitern, dass das Unternehmensziel eben nicht Wachstum um jeden Preis ist. Damit können auch eher unscheinbare Unternehmen und Produkte an Attraktivität gewinnen, und das ist definitiv nicht die schlechteste Voraussetzung für die weitere Entwicklung.

Heute gehören der Gemeinwohlökonomie bereits mehr als 2.000 Unternehmen in über 40 Staaten an. 350 dieser Unternehmen (darunter der Outdoor-Ausrüster VAUDE und die Sparda-Bank Bayern) sind bereits bilanziert.

Falls Ihnen die Grundgedanken der Gemeinwohlökonomie irgendwie bekannt vorkommen: Sie entsprechen zu weiten Teilen den Prinzipien von Scharmers Wirtschaftsstufe der Co-Schöpferischen Gesellschaft (vgl. S. 11 Abb. 2). Auch die Gemeinwohlökonomie ist eine Reise mit (noch) unbekanntem Ausgang. Wenn Sie einsteigen möchten: www.ecogood.org

Nachwort

„Ich denke, es gibt gute Gründe für die Annahme, dass das moderne Zeitalter zu Ende geht. Es gibt heutzutage viele Hinweise darauf, dass wir uns in einem Übergangsstadium befinden – es sieht so aus, als ob etwas auf dem Weg hinaus ist, und als ob etwas anderes unter Schmerzen geboren wird. Es ist so, also ob etwas taumelt, schwankt, schwindet und sich selbst erschöpft – während sich etwas anderes, noch Unbestimmtes, langsam beginnt aus den Trümmern zu erheben".[1]

Dieses hochdramatische Zitat von Vaclav Havel aus dem Jahr 1994 gibt relativ deutlich wieder, warum wir uns hingesetzt haben, um dieses Buch zu schreiben. Wir haben es bewusst nicht an den Anfang gesetzt, schließlich war und ist es unser Ziel, Ihnen Lust auf die neue Arbeitswelt zu machen und Sie zu ermutigen, etwas Neues auszuprobieren. Deshalb haben wir Sie mitgenommen auf eine, hoffentlich erkenntnisreiche, Reise: Vom Ist-Zustand, in dem wir heute leben und arbeiten, über verschiedene Wege und Möglichkeiten, wie wir von *hier*, wo wir heute sind, nach *dort*, wo doch eigentlich jeder hinmöchte (und was jüngere Generationen bereits beginnen zu leben), kommen können. Von VUCA und den drei „divides" nach Scharmer haben wir versucht, einen Bogen zu spannen, was unserer Meinung nach Change bzw. Transformation eigentlich bedeutet, und wie beides aus unserer Sicht gelingen könnte. Resignation, Frust und Panik setzen wir die Möglichkeit entgegen, VUCA-Surfer und wertvoller Arbeitgeber zu werden – wie inzwischen viele andere Menschen und Unternehmen auch.

Denn es sieht so aus, als ob wir einen fundamentalen Wandel, so etwas wie eine Revolution benötigen – keine fünfte *industrielle* Revolution, sondern eine, die ganzheitlicher

---

[1] Rede in Philadelphia „The Need for Transcendence in the Postmodern World". Quelle: C.O.Scharmer, Leading from the Emerging Future – Minds for Change (Future of Global Development Ceremony to Mark the 50th Anniversary of the BMZ Federal Ministry for Economic Cooperation and Development, November 13, 2011, Berlin (eigene Übersetzung)

© Springer Fachmedien Wiesbaden GmbH 2018

K. Eissfeldt, C. Jaeger, *So wird Ihr Unternehmen zum wertvollen Arbeitgeber*,

https://doi.org/10.1007/978-3-658-15549-0

ausgerichtet ist und den Menschen in den Mittelpunkt stellt. Das schließt überhaupt nicht aus, Technologien neu- und weiterzuentwickeln und Profite zu erwirtschaften – nur eben nicht (mehr) um ihrer selbst willen, sondern (wieder) auf der Basis sozialer, ökologischer und ethischer Werte. Wir sind überzeugt davon, dass das auch der Weg für Unternehmen ist, sich als wertvoller Arbeitgeber zu positionieren, und dass dies dann glaubhaft wird, wenn diese Werte auch Tag für Tag gelebt werden. Die Verantwortung dafür, den Wandel zu initiieren, die Revolution voranzutreiben, liegt bei jedem Einzelnen von uns – und jeder kann (und muss) etwas dazu beitragen. Unternehmensleitungen, indem sie Organisationen an Zielen ausrichten, die über die Gewinnmaximierung hinausgehen, jeder Mensch, indem er sich darüber bewusst wird, was er im Leben eigentlich wirklich will. Natürlich wird dadurch jede Menge durcheinandergewirbelt, aber so weitermachen wie bisher scheint die schlechtere Option zu sein.

Wir wissen genauso wenig wie jemand anderes, was die Zukunft bringen wird, aber wir sind optimistisch, dass wir Vieles selbst in der Hand haben. Indem wir uns, mit offenem Blick und mit offenem Herzen Schritt für Schritt zurück auf das Wesentliche besinnen, und damit anfangen, selbst in den Spiegel zu schauen und einen Umgang mit dem entwickeln, was eben gerade da ist.

Schließen möchten wir mit dem Gedanken des Dortmunder Professors Claus Eurich: Die vor uns liegende Aufgabe – auch und gerade aus der Wirtschaft als ein zentraler orientierungsgebender Pfeiler heraus – ist, die Fundamente dafür zu legen, „damit die kommenden Generationen nicht nur eine Chance zum Überleben haben, sondern dass der Weg bereitet ist für eine Menschheit, die dem Ganzen dient, darin ihre Erfüllung findet und schließlich erkennt, dass dieser Dienst zugleich der beste und schönste ist, den sie sich selbst geben kann".[2]

---

[2] Eurich, Claus (2013): Mensch werden – Ein Appell an die Elite aus Wirtschaft und Gesellschaft, Springer Gabler Wiesbaden

Danksagung

Zu allererst und ganz besonders von Herzen bedanke ich mich bei meiner lieben Co-Autorin Christa Jaeger. Trotz ihres Vollzeitjobs und zahlreicher Verpflichtungen und Interessen hat sie monatelang Wochenende für Wochenende investiert, um dieses Buch entstehen zu lassen – ohne ihre Bereitschaft und Mitwirkung hätte das nicht geklappt. Danke für die Abschnitte zu den Generationen und dem Gemeinwohl, sowie vor allem für die enorm kritische Durchsicht und Überarbeitung jeder einzelnen Zeile, wie auch für jeden unserer anregenden Dialoge und das Hineingeben sprachlicher Feinheit und Würze, was für mich etwas ganz Besonderes ist.

Sehr herzlich bedanke ich mich bei der ehemaligen Springer-Gabler-Managerin Maria Akhavan, auf deren Vorschlag und Anraten hin die Idee für dieses Buch geboren wurde. Sie hat uns den Kontakt zum Verlag hergestellt und uns mit ihrer Expertise im Hintergrund hervorragend unterstützt. Gleichermaßen Danke an Juliane Wagner und Sabine Bernatz für die herzliche und professionelle Betreuung sowie ihre Geduld, bis wir tatsächlich zur Abgabereife gelangt sind.

Ein besonderer Dank geht auch an meinen Kooperationspartner und Asylhelferkollegen Wilhelm Frenz, der mich neben aller mentalen Unterstützung und intensiven Gespräche vor allem in technischen Fragen und bei der Erstellung sämtlicher Abbildungen geduldig und unermüdlich unterstützt hat.

Seit Jahren fühle ich mich innerlich angetrieben herauszufinden, ob es einen Schlüssel für ganzheitlich nachhaltiges Wirtschaften gibt und wo er liegen könnte. Und ob es nicht doch möglich ist, gleichzeitig beruflich erfolgreich *und* wirklich zufrieden zu sein. Auf diesem Weg sind mir bestimmt nicht zufällig eine Reihe von mir sehr wichtig gewordenen Menschen begegnet, die mich immer wieder inspirieren, kritisch hinterfragen, spiegeln und humorvoll begleiten. An dieser Stelle *DANKE* an alle, die sich hier angesprochen fühlen. Danke, dass Ihr Euch einlasst, mich versteht und an mich glaubt. Herausgreifen möchte ich meine langjährige persönliche Begleiterin, Nicole Solka und meine Kollegen im Conscious Business Institute, Peter Matthies und Klemens Höppner. Dank Peters ganzheitlichen, systematischen Ansatzes zur Unternehmenstransformation habe ich eine größere Sicherheit, und meine Gedanken mehr Struktur erhalten. Klemens' wertvolle

Impulse und Interventionen geben mir immer wieder Input und auch Korrektur. Außerdem danke ich meinen Ausbildungskollegen auf dem Weg zum Facilitator, vor allem (in alphabetischer Reihenfolge) Frank Guse, Richard Hübner, Christina Kuhn, Thorsten Piel, Rudi Scharlach und Bettina Saacke für jegliche Begleitung, meinen Trainern von der *School of Facilitating*, insbesondere Karin Beutelschmidt, die mir so viel Mut zugesprochen hat, sowie meinen, auf diesem Themengebiet besonders bereichernden und wohltuend kritischen Freunden in alphabetischer Reihenfolge: Heike Abt, Katrin Bayerke, Esther Berke, Andreas Bornstein, Steffi Heucke, Anja Kälin, Christoph Krois, Peter Lagally, Jürgen Müller, Andreas Nowotny, Martina Taig, Jörg Puma und Simone Schnell. Ein explizites Dankeschön auch an all diejenigen, die anderer Auffassung sind als ich und mich für naiv halten; an die, die mir unbequem sind und die meine Muster antriggern. Ihr seid mir ein hilfreicher Spiegel.

Danke an Roswitha Schalk für die Organisation der Treffen der *Drehscheibe Nachhaltigkeit* sowie an Jürgen Dittmar für den *Stammtisch Management 3.0*. Beides sind für mich sehr inspirierende Zirkel für ein neues Arbeitsleben. Und ich danke dem Asylhelferkreis Eichenau und unseren Asylbewerbern. In dieser Arbeit kann ich jeden Tag ganz lebendige Beispiele für Vielfalt und Einzigartigkeit, Möglichkeiten und Grenzen erleben.

Last but not least geht ein besonderer Dank an Lars Eissfeldt, den Vater meiner Kinder, meine Mutter, Ursula Menke sowie meinen Vater, Norbert Metz. Nur dank ihrer zeitlichen und finanziellen Unterstützung hatte ich die Möglichkeit, überhaupt schreiben zu können. Danke meine lieben Söhne, Nick und Jakob. Schön, dass ihr seid, wie ihr seid. Ihr musstet wirklich oft zurückstecken.

Kristin Eissfeldt

The manufacturer's authorised representative in the EU is Springer
Nature Customer Service Centre GmbH, Europaplatz 3, 69115 Heidelberg,
Germany. If you have any concerns regarding our products, please
contact ProductSafety@springernature.com

Printed and bound by CPI Group (UK) Ltd, Croydon, CR0 4YY
23/04/2026
02095641-0011